全国亿万学生阳光体育运动课外活动指导书
阳光体育——校园高尔夫训练用书

U0626012

本册主编　王继军　黄志勇

全国亿万学生阳光体育运动领导小组办公室　组编

# 校园高尔夫

高等教育出版社·北京

XIAOYUAN GAOERFU

内容提要

　　本书从高尔夫球运动发展历史、基础知识入手，重点阐述了高尔夫球运动基本技能及实战策略、身体及心理素质训练。通过多种形式的练习方法、互动游戏、比赛挑战及线上教学，寓教于乐，让青少年熟悉高尔夫基本技术、战术及赛事规则。本书是大中小学生高尔夫球运动普及读物、青少年高尔夫球培训用书，使用对象包括大中小学校及社会高尔夫球培训机构，以及高尔夫球教练、高尔夫球练习者。

## 图书在版编目（CIP）数据

　　校园高尔夫/全国亿万学生阳光体育运动领导小组办公室组编；王继军，黄志勇主编 . --北京：高等教育出版社，2019.2（2020.4重印）

　　ISBN 978-7-04-050655-6

　　Ⅰ.①校…　Ⅱ.①全…②王…③黄…　Ⅲ.①高尔夫球运动-教材　Ⅳ.①G849.3

　　中国版本图书馆 CIP 数据核字（2018）第 221496 号

| | | | | | | | |
|---|---|---|---|---|---|---|---|
| 策划编辑 | 姚云云 | 责任编辑 | 姚云云 | 封面设计 | 姜　磊 | 版式设计 | 童　丹 |
| 插图绘制 | 于　博 | 责任校对 | 马鑫蕊 | 责任印制 | 韩　刚 | | |

| | | | | |
|---|---|---|---|---|
| 出版发行 | 高等教育出版社 | 网　　址 | http://www.hep.edu.cn | |
| 社　　址 | 北京市西城区德外大街 4 号 | | http://www.hep.com.cn | |
| 邮政编码 | 100120 | 网上订购 | http://www.hepmall.com.cn | |
| 印　　刷 | 保定市中画美凯印刷有限公司 | | http://www.hepmall.com | |
| 开　　本 | 787 mm×960 mm　1/16 | | http://www.hepmall.cn | |
| 印　　张 | 15.75 | | | |
| 字　　数 | 220 千字 | 版　　次 | 2019 年 2 月第 1 版 | |
| 购书热线 | 010-58581118 | 印　　次 | 2020 年 4 月第 2 次印刷 | |
| 咨询电话 | 400-810-0598 | 定　　价 | 32.00 元 | |

本书如有缺页、倒页、脱页等质量问题，请到所购图书销售部门联系调换

版权所有　侵权必究

物 料 号　50655-00

# 序

世界高尔夫球运动的发展，已有数百年历史，而我国高尔夫球运动的发展，从 1984 年第一家球场的建成，至今只有短短三十几年。相较于欧美高尔夫球发达国家而言，我国高尔夫球运动发展起步较晚，但近年来发展迅速，并一步步走向国际舞台。目前全国开展高尔夫球运动的区域不断扩展，各省市均有高尔夫球场地设施。全国高尔夫球爱好者约 500 万，覆盖人群逐渐从高收入阶层向普通收入阶层延伸。我国高尔夫球竞赛体系初步建立，每年男女职业巡回赛体系、业余赛事体系、青少年赛事体系等年度赛事超过 400 场，城市高尔夫球线上赛事和青少年网络赛事体系已具雏形，有的已经形成自主品牌。教练员、裁判员、职业球员等专业人才培养成果显著，规模达到 1.2 万人。高尔夫球运动多元化发展，民间开始涌现室内高尔夫球、迷你高尔夫球、软式高尔夫球、青少年高尔夫球教育等多种新的发展形态，业余高尔夫球赛事和高尔夫球网络赛事蓬勃发展，并在全国形成了规模化效益和固定粉丝人群。

高尔夫球运动在青少年群体中的普及，对我国高尔夫球行业的发展与高尔夫球运动全民化趋势有着不容小视的助推作用。中国高尔夫球协会提出：将推动高尔夫球运动大众化工作的全面开展，在"十三五"期间实现高尔夫球参与人数达到 3 000 万人，青少年参与人数达到 2 000 万人的目标。为了实现这一目标，我们要打破高尔夫球统一化的 18 洞比赛形式，大力发展软式高尔夫球、室内高尔夫球、校园高尔夫球和社区高尔夫球，降低高尔夫球运动参与门槛，扩大参与人群，增加参与黏性。其中让高尔夫球进校园，大力发展校园高尔夫球运动是培育和增加高尔夫球运动人群至关重要的一个环节。目前全国高尔夫球进校园运动蓬勃发展，中国高尔夫球协会授予多家单位"校园高尔夫"特色示范学校、示范协会、示范培训单位、示范活动单位、示范推广单位的称号，全国涌现了一批青少年高尔夫球推广的优质企业、教学机构和培训地基，免费向青少年开放和提供训练时间，为青少年高尔夫球运动的发展注入了新的活力。

　　为发展中国特色的高尔夫球运动，我们要转变思维理念，大胆运用互联网技术和国内外高尔夫球教育的先进经验成果，将高尔夫球教育与科学进步紧密结合，努力创新，设计适合中国孩子们发展的具有中国特色的高尔夫球运动培养模式，以兴趣培养为切入点，创新教学方法，打破传统单一的学习方法，通过趣味游戏及互动式教学，让孩子们在快乐中学习高尔夫球，在学习中提升专注力、获得技能、拓展文化知识。除体能及技能训练外，高尔夫球教育要适当渗透高尔夫球实战与心理训练，锻炼孩子们的独立思考能力、判断力和决策力，培养他们的自信心、自控能力，以及“诚实、自律、为他人着想”的高尔夫球运动精神，为国家培养优秀公民。本书主编之一王继军先生创办的深圳市衡泰信科技有限公司专注于城市高尔夫教学系统的研究、开发与运营和互联网高尔夫球教学平台的构建，为客户精心打造科技、创新、互动的 GREENJOY 城市高尔夫球品牌。旗下的国内城市高尔夫球教育品牌“悦球”，是全国亿万学生阳光体育运动领导小组办公室在全国范围内唯一指定青少年高尔夫球项目执行机构。悦球结合国内外顶级高尔夫球研究与教学理念，聚集欧美 PGA（Professional Golfer's Association，职业高尔夫球员协会）高级认证教练及阳光体育专家团队，根据青少年成长教育需求，设计了全新独特的“高尔夫＋”（Golf Plus）课程体系。依托衡泰信城市高尔夫教学系统、APP 等软硬件的研发应用及强大的信息技术支持，全国 21 家悦球校区均配置 GREENJOY 城市高尔夫教学设备，全程拍摄、刻录、对比、分析学员的挥杆动作及比赛成绩，实时给教练提供精确的学员数据，帮助教练更有效地教授技能并跟进教学情况。同时，在互联网+的大环境下，城市高尔夫教学系统具备全球联网及数据共享功能，可以通过移动端设备及学员管理系统实现“学员—家长—学校—平台”间的即时互动互通，全面解决学员在传统高尔夫球学习中所面临的球场少、贵、远及受天气影响等问题，也是中国未来高尔夫球教育的趋势。

　　中国青少年高尔夫球运动发展势头迅猛，前景一片良好，尤其是在中国一线城市和沿海省份，高尔夫球已慢慢走近大众，走进校园和日常生活。有越来越多的院校，甚至中小学、幼儿园开设了不同形式的高尔夫球课程、兴趣班或培训班。无论是以何种形式开展的青少年高尔夫球教育活动，都是为我国高尔夫球运动培养更多的人才，也为我国高尔夫球运动培育更大的市场打下坚实的基础。然而，国内针对青少年群体的高尔夫球专业教材建设以及研究还十分匮乏，《校园高尔夫》的编写、出版正是当务之急。本书涵盖高尔夫球运动的起源发展、育人功能及价值、基础知识、基本技能、实战技术、专项训练、教学组织实施及数字化教学等八章，系统阐述了青少年高尔夫球运动的发展，校园高尔夫球案例，青少年高尔夫球员气质养成、装备选择、基本技能及体能、实战技术，以及青少年人才培养及专项教学、训练的组织与实施等议题，将对青少年高尔夫球教育培训机构和开设高尔夫球课程的学校有指导与借鉴意义。

本书旨在普及高尔夫球运动，从小培养更多高尔夫球运动爱好者。愿更多的青少年朋友加入到高尔夫球运动的行列。

韩烈保

2018 年 6 月于北京林业大学

# 前　　言

我从事高尔夫球行业工作已经 23 年了，1998 年成立了自己的公司，最初给球场供应设备，后来帮地方政府、地产公司设计和建造高尔夫球练习场，经营管理练习场。2012 年我们开始专注于城市高尔夫球，开始高尔夫球模拟器的研究和开发。为建立一个好的商业模式，2015 年我投资了一家悦球青少年高尔夫球教育机构，与全国亿万学生阳光体育运动领导小组办公室的刁铁民老师、贾志勇老师相识，他们正在策划阳光体育运动的系列丛书，唯独高尔夫球这项运动，没有专业人士可以担纲写作，他们希望我能作为阳光体育"校园高尔夫"项目的全国负责人，把任务接下来。经过认真思考，我觉得自己有能力也有责任承担这个任务，愿意为中国的学生阳光体育运动做出一点微薄的贡献，也愿意为高尔夫球运动在青少年人群中推广奉献力量，因为我深知高尔夫球运动能给孩子们带来无尽的好处。

高尔夫球运动能培养孩子们诚信、自律、为他人着想的品质，这些是当今所有中国孩子都应该具备，而又相对缺乏的。我在从事练习场管理工作的时候，就希望能尽量降低学球费用，让更多的孩子能走上高尔夫球场，享受打球带来的乐趣和成长。在投资悦球青少年高尔夫球教育机构以后，我接触了更多的孩子和家长，大家都希望能有一本权威的专业书籍供老师、家长和孩子们参考。我找遍了各大实体书店和网络书店，市场上买得到的，要么是面向成年人的书籍，要么过于专业，没有一本全面的针对孩子的高尔夫球参考书，于是我觉得更有责任把这本书写好。

学高尔夫球的孩子们年龄跨度很大，有的孩子还在上幼儿园，有的孩子已经是高中生、大学生了，大家都不喜欢太多文字、太过专业的书籍，我在设计的时候就决定，本书面向的青少年包括 3～6 岁的幼儿、7～17 岁的少年、18～23 岁的青年等三个年龄群体，其中 7～17 岁的少年是主体；尽可能多配图片，让孩子们通过阅读本书，就能掌握绝大部分高尔夫球运动的知识和技巧。

本书顺利出版，得益于同事、朋友、家人的帮助和支持。在此感谢国家女子高尔夫球队队长黎佳韵，重庆悦球青少年高尔夫学院院长伍开颜，以及蓝晓、熊鹰、周萌琦、舒星、彭焕阳、夏陈艳、陈杰祥、郑雅情、周建福等同事；感谢武汉体育学院谢万铃、常铭剑、童丹丹、曾扬城、李厚龙等高尔夫球专业的研究生为本书的出版收集、整理了大量资料和文件；感谢同事文倩为本书封面设计提供素材；感谢我的太太和家人对我的支持和鼓励。

我在高尔夫球行业很久，但我毕竟不是高尔夫球专业教练，幸亏我的搭档黄志勇博士是科班出身，一直在大学从事高尔夫球教学工作，他和我共同努力，才让本书更专业、更权威。

另外，需要说明以下三点：第一，"高尔夫"一词为行业内及大众均认可的用词，义同高尔夫（球）运动，由其衍生出的"高尔夫专业""高尔夫文化""高尔夫爱好者"等词，含义分别同"高尔夫（球）运动专业""高尔夫（球）运动文化""高尔夫（球）运动爱好者"等，且表达更加简洁，故书中对此不作区分。第二，高尔夫球赛事繁多，国际大赛及国内重大赛事多为公司、协会、组织冠名，很多英文简称难以用中文确切表达，书中尽量在赛事英文首次出现时做解释。文中一些为大众熟知的高尔夫名将用中文名，一些不为大众熟知的选手外文人名不做翻译，保留其原名，以免出现错译。第三，高尔夫球运动中距离单位通常用码、英尺、英寸，故多在正文中使用这些单位，其后加括号注明对应国际单位。

由于时间仓促，涉及面太广，能力有限，如果书中有任何不足之处，还望各位读者指正。

王继军

2018 年 8 月 10 日

# 目　　录

# 第一章　高尔夫球运动的起源及发展

## 第一节　高尔夫球运动的起源

### 一、什么是高尔夫球运动

"高尔夫"是荷兰语 Kolf 的音译,英文中为 golf,g 代表绿色(green);o 代表氧气(oxygen);l 代表阳光(light);f 代表友谊(friendship)(图 1-1-1)。

① 绿色(green)

② 氧气(oxygen)

③ 阳光(light)

④ 友谊(friendship)

图 1-1-1　"高尔夫"的含义

　　"高尔夫"原意为"在充满阳光和新鲜空气的绿草地上,以球会友"。这项运动的本质是使用一定数量的高尔夫球杆,将一颗高尔夫球打进远处的高尔夫球洞中,一般18个洞算一场,杆数最少者为胜。高尔夫球场因势而建,各不相同,没有绝对统一的标准,世界上也没有两座一模一样的高尔夫球场,这是高尔夫球运动最具挑战性、最有魅力的地方。世界各地具有特色的高尔夫球场,吸引着高尔夫球运动爱好者不远万里背着球杆去体验,在有高尔夫球场的地方也形成了独特的高尔夫旅游文化。

　　高尔夫球是一项从幼儿到中老年人都可以参与的运动,是集享受大自然、体育锻炼和游戏于一体的运动。球员们在打球期间遵守高尔夫球规则和礼仪,在彼此竞争的过程中建立友谊。

## 二、高尔夫球运动的起源

　　关于高尔夫球运动的起源一直都众说纷纭,有好几种不同的版本,其中两种说法最为大众认可。

　　其一,高尔夫球起源于15世纪的苏格兰,当时的牧羊人常用赶羊的棍子玩一种击石子的游戏,比谁击得远、击得准,这种游戏后来就演变成为高尔夫球运动。由于苏格兰冬季阴冷潮湿,人们在放牧时会带上一瓶烈酒,饮酒取暖,游戏时把石子打入兔子洞后,会喝上一瓶盖的酒(一瓶盖等于1盎司)以示庆祝,接着再寻找下一个目标。牧羊人随身携带的酒瓶容量大约是18盎司(OZ),喝完一瓶酒,正好打了18个洞,于是一场球18洞的传统就一直延续至今,这种说法世界上认可度最高(图1-1-2)。苏格兰圣安德鲁斯皇家古典高尔夫俱乐部(Royal and Ancient Golf Club, R&A)是世界上最古老的高尔夫俱乐部之一,1764年俱乐部将整场比赛从22洞缩减到18洞后,圣安德鲁斯赢得了"高尔夫故乡"的称号。在1897年,该俱乐部成为公认的高尔夫球运动规则制定者,而逐渐成为高尔夫球运动权威。

图 1-1-2　牧羊人的游戏

　　其二,高尔夫球起源于中国。元世祖至元十九年(1282),宁志斋撰写了《丸经》一书,详细介绍捶丸的规则,从书中描述可知,捶丸在比赛场地、使用球具和比赛规则方面,都与现代高尔夫球运动极为相似,捶丸的游戏者使用10 种不同的球杆击球,其中三种主要球杆为撺棒、扑棒与杓棒,就相当于现代高尔夫球运动中不同角度的球杆。元朝著名散曲家王和卿在作品《一枝花·为打球子作》中,对盛行于当时的捶丸做了详细、生动的描绘:"安员王将袖梢先卷,觑上下,观高低,望远近,料得周正无偏。畅道引臂员扇,棒过处飞星如箭,茂林中法头不善。指觑窝落在花柳场边,不吊上也无一步远。"该作品生动地再现了捶丸活动的场景和玩法,这些场景与玩法与现代高尔夫球运动相差无几。在比较捶丸与高尔夫球的诞生年代,以及两者相似性后,西北师范大学体育系教授凌洪龄认为,古代的捶丸与现代高尔夫球运动是有着"紧密血缘关系"的,高尔夫球运动是在中世纪的晚期由蒙古旅行者传至欧洲,之后流传到苏格兰。中国近代体育教育家郝更生(1899—1975)也在其英文著作《中国体育概论》中称捶丸是"中国的高尔夫球"(图 1-1-3、图 1-1-4)。

图 1-1-3　元代《捶丸图》

图 1-1-4　《明宣宗行乐图》中描绘捶丸的场景

以上两种说法各有理据,苏格兰圣安德鲁斯皇家古典高尔夫俱乐部曾经发表声明:用球杆玩球的运动好几世纪前就有了,但是今日我们所知打18洞的高尔夫球运动,很明确的是起源于苏格兰。

# 第二节　高尔夫球运动的发展

## 一、高尔夫球场的发展

据史料记载,16 ~ 17 世纪,高尔夫球运动在苏格兰被发扬光大,全民争相打高尔夫球。经过了约三百年的民间游戏之路,终于在 1744 年,高尔夫球被当作一项体育产业来运作。这一年,在苏格兰诞生了世界上第一家高尔夫俱乐部——绅士高尔夫球社,即现在的爱丁堡高尔夫俱乐部(图 1-2-1)。随着英国殖民统治的扩张,高尔夫球运动从英国传播到欧洲大陆、美洲大陆,一直到非洲、大洋洲和亚洲。20 世纪初,高尔夫球运动在世界范围内蓬勃发展起来。

图 1-2-1　爱丁堡高尔夫俱乐部

1754 年,苏格兰"圣安德鲁斯球社"成立,即现在的苏格兰圣安德鲁斯皇家古典高尔夫球俱乐部,并且第一套完整的高尔夫球运动规则由其制定并发布。1759 年,比杆赛的形式在圣安德鲁斯首次出现,在这之前高尔夫球比赛都采用比洞赛。1764 年,圣安德鲁斯球社将球场的 22 洞缩减到 18 洞,自此 18 洞成为后来高尔夫球场的标准。1786 年,南卡罗来纳州高尔夫俱乐部在美国查尔斯顿成立,这是在英国之外的首家高尔夫俱乐部。1829 年,印度加尔各答皇家高尔夫俱乐部成立,这是欧美之外第一个真正意义上的高尔夫俱乐部。1885 年,非洲第一个高尔夫俱乐部——开普敦皇家高尔夫俱乐部在南非的开普敦成立。

高尔夫球运动于 19 世纪末来到中国。1889 年,英国殖民者在香港成立了中国最早的高尔夫俱乐部——皇家香港俱乐部。1896 年,中国上海高尔夫俱乐部宣告成立,标志着高尔夫球运动正式进入中国,现代高尔夫球运动在中国真正开始。1984 年 8 月 24 日,由霍英东、郑裕彤等出资创建的中山温泉高尔夫球会正式营业,开始运营新中国成立后第一座高尔夫球场(图 1-2-2),时任国家体委副主任的第一任中国高尔夫球协会主席荣高棠在开业仪式上挥出了第一杆。1990 年 8 月,第一个由中国人自己设计、建造、管理的高尔夫俱乐部——北京乡村高尔夫俱乐部在顺义马坡开业,开创了中国自营高尔夫球场的先河。2004 年 5 月 26 日,吉尼斯世界纪录组织首席特派专员斯蒂尔·纽波特宣布,深圳观澜湖高尔夫球会以 180 洞 10 个球场的规模成为世界第一大球会。

图 1-2-2　中山温泉高尔夫球会

《世界高尔夫报告(2015 年)》中有数据显示,截至 2014 年年底,全世界共有 34 011 家高尔夫球设施分布在 206 个国家,大部分(79%)集中在 10 个国家,包括澳大利亚、加拿大、英国、日本以及美国等。《朝向白皮书——中国高尔夫行业报告(2014 年度)》中披露了我国在 2014 年高尔夫球设施有538 家,虽然占全世界比例较少,但也是一种进步。图 1-2-3 呈现了2014 年中国高尔夫设施总量及增长趋势。

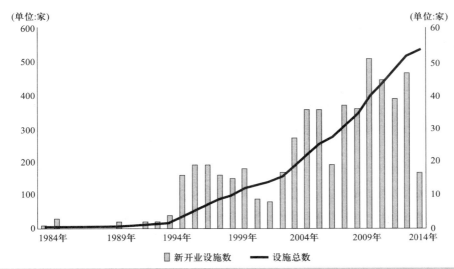

图 1-2-3　1984—2014 年中国高尔夫球设施总数及每年新开业设施数

30 多年来,我国高尔夫球场的建设与发展大致经历了 3 个时期:第一个时期是低速发展时期(1984—2000),受社会政治、经济、文化环境的制约,以及中国政府对高尔夫球场用地的限制,高尔夫球运动普及率低,高尔夫球场建设发展缓慢,球场数量不到 100 家;第二个时期是迅猛发展期(2001—2008),北京成功申办和举办奥运会为高尔夫球运动发展带来了良好的契机,高尔夫球场建设也进入了扩张期,球场数量发展到 500 多家;第三个时期是稳步发展期(2009—2014),北京成功举办 2008 年奥运会,高尔夫球进入 2016 年奥运会项目,使得中国高尔夫球运动发展规模持续增长,球场数量达到 600 多家。30 多年间,虽然高尔夫球场建设数量激增,但是国家一直将高尔夫球场用地划为禁止用地目录。自 2016 年高尔夫球进入奥运会项目以后,国家开始整改高尔夫球场,这是高尔夫球运动发展的一大机遇,表明国家开始重视高尔夫球运动的科学发展。

## 二、高尔夫球赛事的发展

1860 年,全球最早的高尔夫球赛事——英国公开锦标赛(现为英国公开赛)在苏格兰的普雷斯迪克高尔夫俱乐部举行,开创了现代高尔夫球赛事的先河。

随着各国经济的快速发展,在美国 PGA(Professional Golfer's Association,职业高尔夫球员协会)巡回赛的带动下,职业高尔夫球赛事在世界范围内得到了快速发展。20 世纪 60 年代,高尔夫球欧洲职业巡回赛登上历史舞台,进一步加快了世界高尔夫球职业化的发展。20 世纪 90 年代,日本巡回赛、亚洲巡回赛、澳大利亚巡回赛和南非巡回赛也相继建立并蓬勃开展起来。

高尔夫球进入奥运会项目,最早源于 1900 年。在法国巴黎举办的夏季奥运会第一次将高尔夫球列入正式比赛项目,来自美国的选手 Charles Sands 和 Margaret Allott 分别获得男、女个人比杆赛金牌。1904 年在圣路易斯举办的奥运会上,美国选手 George Lyon 获得高尔夫球项目男子金牌,当年没有女子高尔夫球比赛项目。从 1908 年到 2012 年的奥林匹克运动会都没有设立高尔夫球项目。直到 2016 年,在巴西里约热内卢举办的夏季奥运会上,高尔夫球项目重返赛场。英国选手 Justin Rose 和韩国选手 Inbee Park 分别获得男、女个人比杆赛金牌。

国内高尔夫球系列赛事主要涵盖男、女职业和业余赛事,以及青少年赛事。其中,男子职业赛包括美巡中国赛、中巡赛、汇丰冠军赛等;女子职业赛事包括上海别克 LPGA 锦标赛、蓝湾大师赛、女子中巡赛等;青少年赛事包括汇丰全国青少年高尔夫球冠军赛、全国青少年高尔夫球锦标赛、别克青少年锦标赛、深圳公开赛、广东省积分巡回赛等。同时,高尔夫球运动也成为我国大学生运动会、全运会、亚运会及奥运会正式比赛项目,各省、直辖市、自治区及国家相继组队备战,极大地促进了我国竞技高尔夫球运动的发展。

同时在竞赛成绩方面,中国高尔夫球在各大赛事上取得了不菲的成绩,这无形中快速推动着高尔夫球运动在中国的发展。我国现代高尔夫球运动的赛事发展历经了以下几个关键节点。

1985年5月24日,经国家体委批准,中国高尔夫球协会(简称中高协)在北京成立,荣高棠担任第一任主席。荣高棠主席提出要培养一批高尔夫球员;同年7月5日,从河北省体校选拔10名运动员前往日本进行为期3年的系统学习。

1986年1月25日至26日,"中山杯"职业/业余国际邀请赛在广东中山温泉高尔夫球会举行,这是中国大陆首次举办国际性高尔夫球赛事。

1988年,第一届中国女子业余公开赛在中山温泉高尔夫球会举行,来自中国、美国等地的选手参加了比赛,中国队林燕媚获得个人冠军,这是中国高尔夫球运动历史上第一个女子比赛冠军。

1990年8月,高尔夫球被列入北京亚运会正式比赛项目,第一场比赛在北京乡村高尔夫俱乐部举行,中国派出了郑文根、肖成汉、张连伟、程军4名男选手及黄丽霞、林少茹、年少美和林燕媚4名女选手组成的高尔夫球代表队,男、女均取得了团体第四名的成绩。

1994年,中高协加入了亚太高尔夫球联合会,在日本广岛亚运会上,张连伟夺得了男子个人亚军,中国女子队获得团体铜牌,实现了中国高尔夫球在亚运会历史上奖牌的零突破。

1995年,戴耀宗的富通环球有限公司联合中高协和沃尔沃赛事管理公司,首次将国际职业高尔夫球赛事引入中国,举办了沃尔沃中国巡回赛和沃尔沃中国公开赛,这是第一个由国外企业冠名赞助的我国大陆中国高尔夫球国际职业大赛。第一届"沃尔沃中国公开赛"在北京国际高尔夫俱乐部举行,至2018年已经成功举办了23届(图1-2-4)。

图1-2-4　中国大陆首个国家命名的公开赛——沃尔沃中国公开赛

1995年,4月11日,张连伟赢得了在深圳高尔夫俱乐部举行的第一站中国巡回赛冠军,揭开了国际高尔夫球赛事在中国发展的序幕。由中高协主办的全国青少年锦标赛也在这一年创办(梁文冲为第一届冠军),至2018年已经举办了14届。同年4月17日,第41届喜力世界杯高尔夫球赛组委会成立大会在深圳观澜湖高尔夫球会举行,比赛于11月9日至12日在此举行,共有32个国家的64名选手参赛,中国派出了张连伟和程军,这是中国第一次举办高尔夫球世界级大赛。

这一年,北京高尔夫运动学校成立,是中国第一所培养高尔夫球专业人才的中等专业学校。深圳高等职业技术学院开设高尔夫管理专业(该专业于1997年转入深圳大学,现为深圳大学高尔夫学院),开创了中国高尔夫专业高等教育的先河。

1997年,程军夺得沃尔沃中国公开赛冠军,成为第一个在国际赛事上夺冠的中国选手。

1999年,BAT中国职业高尔夫球联盟杯巡回赛产生,第一年共举行了6站,刚刚转为职业球员的梁文冲在大连、昆明、北京、深圳4站比赛中所向披靡,将冠军收入囊中。

2001年,张连伟夺得了澳门公开赛冠军,同时,他也创办了第一个以球员名字命名的公益性青少年比赛——"张连伟杯",至 2018 年已经举行了 17 届。

　　2004 年,欧洲巡回赛(简称欧巡赛)首次登陆中国,5 月的宝马亚洲公开赛和 11 月的沃尔沃中国公开赛都纳入欧巡赛系统。4 月,张连伟得到了奥古斯塔 70 年历史中颁出的第 5 张外卡邀请,参加了第 68 届美国名人赛,这是中国内地高尔夫球选手第一次参加大满贯赛。

　　汇丰冠军赛于 2005 年 11 月首次在中国上海的佘山国际高尔夫俱乐部举办,总奖金额高达 500 万美元,吸引了来自美巡赛、欧巡赛、亚巡赛、日巡赛、澳巡赛及南非阳光巡回赛等职业高尔夫球巡回赛单站冠军在内的共 75 名高尔夫球顶尖选手参加,其中包括当时世界排名第一的泰格·伍兹和排名第二的辛格,这也是泰格·伍兹首次在中国参加正式的世界排名赛(图 1-2-5)。

图 1-2-5　上海汇丰冠军赛

　　2007 年,梁文冲获得 2007 年度亚巡赛奖金王和年度亚巡赛最佳球员称号,是中国高尔夫球运动历史上第一个获此殊荣的选手。梁文冲捐献新加坡名人赛的冠军奖金,创立了中国大陆第一个以高尔夫球员名字命名的慈善基金"百龄坛梁文冲高尔夫基金"。

　　2008 年 1 月 18 日,中国首次受邀参加在南非举行的女子世界杯,张娜和王纯代表中国出战。当年冯珊珊通过 LPGA(Ladies Professional Golf Association,女子职业高尔夫协会)资格赛考试,成为第一个获得 LPGA 巡回赛全卡的中国内地选手。

2012 年,冯珊珊获得世界女子职业高尔夫球四大满贯赛第二项赛事 LPGA 锦标赛冠军,成为中国第一位女子职业高尔夫球大满贯赛冠军得主。 2013 年,冯珊珊在华彬 LPGA 中国精英赛中以 266 杆的总成绩夺得冠军,成 为第一个在中国本土夺得 LPGA 冠军的中国运动员,并且当选"首届世界广 府人十大杰出青年"。

2013 年 9 月,高尔夫球首次成为全运会正式比赛项目,辽宁男队和广东 女队取得冠军,同年 4 月,14 岁的中国球员关天朗成为美国大师赛最年轻的 参赛选手,成功晋级并获得最佳业余奖。

2014 年在美巡中国高尔夫球系列赛中,19 岁的中国小将李昊桐以四轮 277 杆(低于标准杆 11 杆)的总成绩赢得了美巡中国高尔夫球系列赛的收官 战冠军和年度奖金王,并拿到了美巡赛二级巡回赛韦伯巡回赛的全卡。

2015 年,冯珊珊获得女子欧巡赛别克锦标赛冠军。2016 年在欧巡赛事 奥地利公开赛上,吴阿顺以低于标准杆 13 杆的成绩拿下冠军,成为第一位 两次夺得欧巡赛冠军的中国内陆球员。

2016 年里约热内卢奥运会举行,吴阿顺、李昊桐、冯珊珊和林希妤代表中国 队参加比赛,创造了我国奥运史上优异的成绩,其中冯珊珊以 274 杆(70-67-68- 69),低于标准杆 10 杆的成绩完成比赛,斩获 112 年以来奥运女子高尔夫球项目 的首枚铜牌,是中国历史上第一块高尔夫球项目奥运奖牌(图 1-2-6)。林希妤 打出一杆进洞,成为奥运史上第一位打出一杆进洞的女子选手。

2016 年,第 58 届高尔夫世界杯在澳大利亚墨尔本金斯敦希思高尔夫俱 乐部落下帷幕。由两位里约热内卢奥运会健儿吴阿顺、李昊桐组成的中国 队,也刷新了中国队在高尔夫世界杯历史上的最好战绩,获得并列亚军,第 一次将中国队送入世界杯的前三名。

2017 年,李昊桐在第 146 届英国高尔夫球公开赛最后一轮打出 63 杆, 最终以低于标准杆 6 杆的总成绩名列第三,创造了中国男选手在四大满贯 赛中的最佳战绩。

图 1-2-6　冯珊珊笑对里约奥运会

2017 年 11 月 11 日,"蓝湾大师赛"在位于海南陵水的蓝湾高尔夫球会落下帷幕,中国选手冯珊珊凭借决胜轮打出的 70 杆成绩,以 279 杆,低于标准杆 9 杆的成绩夺冠,在赢得个人第九座 LPGA 巡回赛冠军奖杯的同时,还登上世界第一的宝座,成为首位高尔夫排名世界第一的中国内地选手。

2018 年 1 月,李昊桐在迪拜沙漠精英赛中夺冠后世界排名一度来到 32 位,是中国男子球员有史以来最高的世界排名。

## 三、青少年高尔夫球运动的发展

### 1. 青少年高尔夫教育

高校是人才培养的重要阵地。改革开放后,高校高尔夫教育开始起步,1985 年由国家体委委派,河北体育学院崔志强老师带队,程军、刘国杰、刘晓军、贾翠华、吴相兵、席润生、孙鹏、王建中、牛立荣、韩志山 11 名师生赴日本留学,进行为期 3 年的高尔夫专业学习。崔志强老师归国后回河北体育学院任教,于 1989 年开设高尔夫球选修课,这是国内首开的高尔夫球课程。20 世纪 90 年代中后期,随着我国计划经济向市场经济的转轨,为了满足日益增长的高尔夫人才需求,适应高尔夫球运动产业化的发展和对高层次管理人才的需要,一些本科院校依托原有的专业,开设高尔夫本科专业方向,成为我国高尔夫本科教育的先行军。随后,一些高职专院校、民办院校也相继成为高尔夫人才培养的重要力量。1995 年,中高协举办了首届青少年高尔夫球比赛暨夏令营活动,之后每年都举行,至今已有 20 多年的历史。在这段时间里,国家体育总局和中高协每年都会举办有关青少年高尔夫的赛事,赛事举办场数逐年上升,旨在推动我国青少年高尔夫球运动的普及与发展。除竞技高尔夫之外,由中国官方管理机构推动的高尔夫球运动也逐步走到了中小学中。2008 年实施的校园高尔夫计划已在北京、上海、广州、深圳等城市以体育课或是兴趣课的形式开展,为中小学生提供了学习和接触高尔夫球运动的机会,扩大了我国青少年高尔夫人口。

高尔夫球运动是一项拥有古老历史的绿色健康运动,高尔夫球界流传着一句英国谚语:打高尔夫的孩子不学坏。高尔夫球运动所倡导的绅士礼仪、优雅气质、坚毅品格对青少年儿童而言极其重要,这也是越来越多的家长把高尔夫球运动纳入孩子兴趣培养计划的最主要的原因。在中国,高尔夫球运动要走向大众,在青少年中的发展非常重要,高尔夫球运动也从不同程度上培养了青少年良好的性情、礼仪修养、运动精神等,对青少年良好性格的塑造起着较大作用。随着高尔夫球运动的不断发展,其特有的文化特征被很好地传承下来。高尔夫球运动丰富的文化价值内涵包括社交文化、道德文化、健身文化、生态文化、竞技文化等,这些文化都是帮助青少年形成良好修养、道德品行和性格的重要因素。球技作为硬实力体现着青少年所掌握的运动技能,而文化作为软实力融入青少年的学习中,可以说文化作为高尔夫球运动的核心价值,会成为青少年坚持高尔夫球运动的内在动力。

### 2. 青少年高尔夫球赛事

中国青少年高尔夫球运动始于 1995 年。1995 年暑假,中高协在北京国际高尔夫俱乐部举办了首届全国青少年高尔夫球锦标赛,这是中国青少年高尔夫球运动的开端(至 2018 年已成功举办了 23 届)。之后,全国青少年公开赛、青少年锦标赛、青少年夏令营等活动逐渐开展起来(图 1-2-7),越来越多的青少年参与进来。时至今日,青少年高尔夫球比赛名目繁多,总数甚至不逊于职业赛事,如:汇丰全国青少年高尔夫球冠军赛、沃尔沃中国青少年冠军赛、观澜湖青少年系列赛、中信银行青少年系列赛事、"张连伟杯"国际青少年高尔夫邀请赛、中国青少年高尔夫球队际巡回赛、费度亚洲杯青少年锦标赛等。这些比赛的开展表明高尔夫球运动在世界、在中国的发展态势良好,越来越多的青少年开始走向高尔夫球场。近十年,我国也走出了很多较为优秀的青少年高尔夫球选手,如:李昊桐、窦泽成、罗莹、关天朗等。

图 1-2-7　全国青少年高尔夫球锦标赛

（1）汇丰全国青少年高尔夫发展计划

2007 年,汇丰银行与中高协携手推出了中国高尔夫球协会汇丰中国青少年高尔夫发展计划。该高尔夫发展计划在两个方面做出了重要贡献。第一:为广大青少年选手提供可持续发展的竞赛平台;第二,通过冬令营、夏令营等走进校园活动,在更广阔的区域积极普及高尔夫球运动,让更多青少年了解与认识这项运动。如果说汇丰冠军赛的着眼点是金字塔的顶端,那么这个计划则锁定在金字塔的基座,其目的是由下而上,推动中国高尔夫球运动的发展。

（2）沃尔沃中国青少年比洞锦标赛

2005 年,首届沃尔沃中国青少年冠军赛（于 2012 年改名为沃尔沃中国青少年比洞锦标赛）在北京高尔夫俱乐部举办,那一年的赛事是两轮比杆赛。2006 年,组委会借鉴 R&A 旗下的英国男孩业余锦标赛和美国高协的美国青少年业余公开赛,从第二届沃尔沃中国青少年冠军赛起,将赛制改为比洞赛,这在当时开创了国内青少年高端赛事的先河。该赛事至 2018 年已成功举办 13 届,规模和影响力均逐年提升,同时为中国高尔夫球运动培养和挖掘了更多天才球员,并助力他们走向更高的世界舞台。“锐意进取,创新求变”是沃尔沃对其麾下高尔夫球赛事的期望,和沃尔沃中国公开赛一样,多年来沃尔沃中国青少年比洞锦标赛始终践行这一理念,逐步成长为国内青少年高端赛事,为胸怀远大理想的中国新一代高尔夫青少年打造更加坚固的后盾。

（3）"张连伟杯"国际青少年高尔夫球邀请赛

2001年,首届"张连伟杯"国际青少年高尔夫球邀请赛（以下简称"张连伟杯"）在深圳举办,比赛创办至2018年已有17年历史。2005年,张连伟为赛事提出"圆我一个奥运梦"的口号,从"张连伟杯"走出的冯珊珊、林希妤、李昊桐、关天朗等人也早已走向世界。比如,2001年和2003年,冯珊珊分别获得"张连伟杯"B组和A组冠军。作为"张连伟杯"第一届冠军选手的冯珊珊,2012年成功地在美巡赛赢得一场大满贯赛——LPGA锦标赛冠军。此前还曾获得3场日巡赛、1场欧巡赛冠军的她,自此成为第一名在高球大满贯中夺冠的中国内地选手,也是第一位在世界最著名的三大巡回赛（美巡、日巡和女子欧巡）都斩获冠军的中国球员,成为中国女子高尔夫第一人。

（4）观澜湖青少年系列赛

2010年,"观澜湖青少年系列赛"全面启动,至2018年已创办了8届,此项比赛由广东省高尔夫球协会授权,并得到香港高尔夫球协会、费度亚洲杯赛和中国运动员教育基金会的支持,以及R&A和亚太高尔夫球联盟（APGC）的认可。一直以来,"观澜湖青少年系列赛"对青少年高尔夫球员的培养不遗余力。"观澜湖青少年系列赛"每年有30余场常规青少年赛事,包括青少年系列赛、费度亚洲杯、杰克·尼克劳斯青少年锦标赛以及安妮卡青少年邀请赛等,每一项比赛都是青少年球员积累经验、崭露头角的最好试练场。此外,球员们还能通过比赛获得与安妮卡·索伦斯坦、泰格·伍兹、尼克·费度等世界高球名将亲密接触的机会,获得大师指点。大量具备潜力的青少年球员如关天朗、叶沃诚、隋响等通过观澜湖青少年系列赛走向世界,观澜湖青少年系列赛已经成为孕育中国青少年高尔夫新星的摇篮。

经过十余年的耕耘,中国青少年高尔夫项目取得了前所未有的成就。到2018年在中高协注册的青少年球员突破了2万,全国衍生了许多地方性的青少年比赛,其总量远远超过了职业和业余比赛。这些赛事为职业赛事输送了一批批高品质的人才,令赛事的竞争力大大提高。大批学员已经渐渐成才,其中不少已经活跃在了各大职业巡回赛赛场,典型的例子是李昊桐。2017 年,在总奖金高达 1 025 万美元的英国公开赛上,年仅 21 岁的李昊桐最终以总成绩 274 杆低于标准杆 6 杆排名第三位,在此次英国公开赛上,李昊桐一举创下了 4 个记录:中国内地球员男子大满贯赛事中单轮成绩最低 63 杆;中国内地球员男子大满贯赛事中的最佳成绩;中国内地球员在美巡赛中的最佳成绩;个人大满贯赛事的最佳成绩(图 1-2-8)。

图 1-2-8　知名球员李昊桐

## 四、城市高尔夫球运动的兴起

### 1. 城市高尔夫球运动的起源

城市高尔夫球运动,也叫室内高尔夫、模拟高尔夫,顾名思义就是建造在室内,用真实的球杆,真实的挥杆动作,击打真实的高尔夫球,实现在虚拟高尔夫球场打高尔夫球的运动。通常,虚拟的高尔夫球场也是真实存在的,城市高尔夫球运动的研发人员,用特定的 3D 软件将真实的球场在计算机系统里完美地制作出来,通过投影设备呈现在大幕布上,球手挥杆将球击起,球撞到幕布后停落下来,屏幕内会自动生成一个虚拟的高尔夫球,在虚拟的球场内飞行,球手仿佛置身于高尔夫球场,看到球在天空飞行,撞击草地,弹跳,滚动,感觉和真实的球场一模一样。

不仅如此,顶级的城市高尔夫设备,还含有模拟推杆系统,在打击垫和幕布之间,有一个仿真的果岭,果岭上有真实的高尔夫球洞,球上果岭,当球落在离球洞只有4码(3.66m)范围内时,现场果岭上的洞会自动显露出来,球手可以直接推球入洞。值得称赞的是,模拟果岭可以根据球在果岭上的位置不同,变换出相应的果岭坡度。阅读果岭,看线,瞄球,摆线等只有在球场才有的体验,在城市高尔夫设备上也能做到。

城市高尔夫球运动起源于美国,发展于韩国,但这项运动的前途在中国。由于中国人均土地资源匮乏,经济发展后人们普遍对生活品质的要求越来越高,高尔夫球场的建设跟不上人们对高尔夫球运动的热忱,更多的人开始喜欢上城市高尔夫球运动,不久的将来,城市高尔夫球运动也会像卡拉OK一样,成为大家生活的一部分。

### 2. 中国城市高尔夫球运动的发展

1995年,坐落在深圳市繁华商业中心的阳光酒店,一个城市高尔夫球馆刚刚落成,同时启动的还有坐落在大堂与餐厅之间的一个迷你小九洞。这应该是中国第一个对外营业的城市高尔夫俱乐部。从1995年至今,城市高尔夫在中国已经有23年的发展历史了,无论是技术还是市场都有了很大的发展。技术层面,国内的厂商已经由原来的简单贸易模式转变到自主开发模式,在国际上获得广泛关注。市场层面,城市高尔夫紧紧抓住了高尔夫教学入口,在城市中心建立室内高尔夫教学点,以贴近客户、位置方便等优势逐步获得高尔夫爱好者的青睐。城市高尔夫球馆建设也稳步开展,不少小城市都已经有了球馆,据中高协不完全统计,目前国内城市高尔夫球馆数量约有800家。

### 3. 城市高尔夫球运动的优势

（1）占有土地面积小

相对于占地1 000多亩的18洞高尔夫球场设施来说,一个城市高尔夫设备占地只有$30 \sim 40m^2$/每台,最大的城市高尔夫设备占地也只约$60m^2$/每台(含休闲区),也就相当于正规18洞高尔夫球场面积的万分之一。纵观国内,人多地少,目前难以像发达国家那样修建数千乃至上万座室外高尔夫球场对公众开放。因此,我们要尽快在国内普及高尔夫球运动,出路在于高尔夫球运动的室内化和微型化。城市高尔夫的诞生,可使众多普通人加入到高尔夫球运动的行列中来,也能让更多青少年获得学习的机会。

（2）数字化教学

目前的城市高尔夫设备都可以满足各类挥杆练习,能够真实模拟各类环境、各类障碍、气候、完整的真实球场环境等,而且城市高尔夫设备提供的数据分析、环境假设、条件重置等变量,对于球员形成良好的运动记忆和环境适应能力有帮助,解决了学球和教球难的障碍,使学球过程直观化,学习结果数据化,这些数据分析无疑是球员自助训练的好帮手。

（3）大众消费

城市高尔夫会馆一次消费只需 100～300 元,处于工薪阶层的消费范围内。由于会籍的价格比传统高尔夫球场低很多,而中国的高尔夫文化发展令许多年轻的工薪阶层人士对高尔夫这项运动充满好奇与渴望,城市高尔夫球运动的价格正好符合这一类人的需求。这也为更多的人提供了体验高尔夫球运动的机会,很大程度地降低了打高尔夫球的门槛。

# 第三节　高尔夫球运动走进校园

## 一、背景

为了更好地推广高尔夫球运动,中高协与汇丰银行合作推出"中国高尔夫球协会汇丰中国青少年高尔夫发展计划",其中重要的一部分就是"校园高尔夫培训",旨在通过对中小学体育教师免费进行高尔夫培训,并且提供一定的练习器材给学校,由受训过的体育教师负责在学校开展高尔夫课程教学或进行课外活动辅导。全国共有 21 所学校成为第一批试点学校。以浙江省为例:浙江省自 2008 年起,分两批举办了汇丰青少年高尔夫夏令营活动,有五所中小学 200 多名学生参加;组织开展了汇丰中国校园高尔夫推广计划,培训了 16 名体育教师,在杭州、宁波、湖州等 8 所中小学开设了高尔夫课程,让更多的青少年认识高尔夫、热爱高尔夫,逐步走进高尔夫球运动,为浙江省高尔夫球运动可持续发展提供了人才储备。

自 2016 年开始,高尔夫球项目被正式纳入全国统一考试体育单招范畴,其中不乏"985"及"211"工程大学名校。北京体育大学、上海体育学院、武汉体育学院、北京师范大学、河北师范大学、山西大学、华东师范大学、华南理工大学、深圳大学等 93 所院校可以进行高尔夫专业体育单招考试。

2017 年 7 月 26 日,全国校园高尔夫专家委员会成立,旨在全面推动和促进中国高尔夫教育的发展。同时全国校园高尔夫培训指导基地在北京落成,标志着全国校园高尔夫人才师资培训教育、课程建设、学校体育改革将有新的突破,实现学生在体育课程中的"自主学习",让教师成为引路者。全国校园高尔夫专家委员会希望将校园高尔夫打造成"文明其精神,野蛮其体魄"的青少年高尔夫运动。

2017 年 8 月 8 日,由国家体育总局、教育部和团中央三部委联合主办的阳光体育大会——全国青少年"未来之星"在宁夏银川启动,在高尔夫球运动区域,城市高尔夫的出现,让更多不懂高尔夫的青少年都愿意去尝试,高尔夫球运动对于大众来说,不再贵族、神秘,这对青少年高尔夫球运动走进校园将更有利。

近年来,在我国,高尔夫球运动作为竞技体育运动项目逐渐得到认可。尤其在历经 2016 年奥运会之后,我国青少年高尔夫球运动发展更是迅猛,高尔夫运动开始普遍地走入校园。2017 年 3 月中高协在《高尔夫球运动发展"十三五"规划》(征求意见稿)中明确提出高尔夫人口发展的总目标:到 2022 年,要培养 3 000 万高尔夫人口,包括 2 000 万高尔夫青少年。为了实现五年内培养 3 000 万高尔夫人口的总目标,让高尔夫走进校园,势在必行。只有在学校积极推广这项运动,才能打下良好的群众基础,才能更好地培养出优秀的高尔夫人才,挖掘出孩子们的高尔夫潜质,形成一个畅通的人才输送渠道,帮助有这方面天赋的孩子从事高尔夫球运动,推动我国高尔夫球运动的迅速发展。

## 二、国外高尔夫球运动走进校园案例

### 1. The First-Tee

作为体育教育大国,美国在青少年高尔夫教育这一方面的经验值得分享: The First-Tee 于 1997 年在美国成立,现已经发展成为北美和澳洲主流而权威的非营利性青少年高尔夫培训机构,有超过 1 200 万西方青少年接受该组织的高尔夫培训及相应的素质教育。The First-Tee 的培训由美国 PGA、LPGA、Masters Tournament(美国名人赛)、PGA 巡回赛和 USGA(United States Golf Association, 美国高尔夫协会)共同发起,并得到各大企业的赞助和支持。The First-Tee 的学员因此有机会接触上述赛事及组织,例如参与配对赛、与职业球员交流等。

The First-Tee 主要吸纳 7~18 岁的青少年,培养青少年球员的 9 个核心价值观:诚实、正直、体育精神、尊重、自信、责任、坚持、谦恭及判断力。The First-Tee 项目推广主要有 3 种渠道:全美分支教学点、全国校园项目、青少年组织课外活动项目。其中校园项目于 2004 年发起,进入小学体育课程,数年间覆盖超过 1 200 个学区的 8 000 所学校,让青少年成为高尔夫球运动发展的重要力量。

### 2. AJGA 和 NCAA

通过青少年比赛、大学联赛,进入职业赛场,是典型的美国球员成长之路。常见的美国中、大学生的赛事组织单位有:美国青少年高尔夫协会(American Junior Golf Association,AJGA)和全美高校体育联合会(National Collegiate Athletic Association,NCAA)。AJGA 针对青少年组织多项比赛, 是锻炼青少年球员很好的一个平台。现在活跃在世界高尔夫舞台上的优秀选手们,像伍兹、米克尔森等几乎无一例外都是从这里走出来的,他们在青少年比赛上积累了丰富的经验,而后走上了职业高尔夫的舞台。 AJGA 也是展示选手实力,赢得大学奖学金的一条绝好途径。在美国,通常优秀的青少年选手都会被网罗进入一级大学高尔夫校队,并可获得奖学金。

几乎每一所美国大学都有自己的高尔夫球练习场地,NCAA 每年也都会组织高校高尔夫球联赛,这也为世界最有竞争力的职业赛事 PGA 和 LPGA 组建了强大的后备军团(图 1-3-1)。事实上,近几年有越来越多的中国优秀青少年借助高尔夫这块敲门砖,敲开了美国名校的大门。

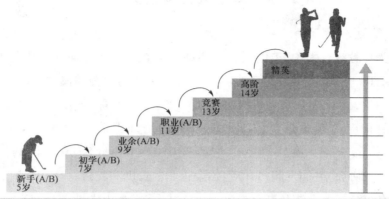

图 1-3-1　青少年高尔夫技能等级

## 三、国内高尔夫球运动走进校园案例

推广高尔夫球运动是在为孩子们培养兴趣、开拓视界,他们在校园里学习,能和同学培养友谊,也能多一项与国际接轨的技能,在运动中充实自己,更能借助高尔夫球运动为学业深造和事业发展提供机会。下面是几个比较典型的高尔夫球运动走进幼儿园、大中小学的案例。

### 1. 厦门大学

图 1-3-2　厦门大学高尔夫球练习场

厦门大学高尔夫球协会成立于 2005 年 12 月,是中国大陆第一个由本科生组建的大学生高尔夫社团。现有活跃会员 200 余人。2009 年年底,该高尔夫球协会帮助厦门大学体育教学部选拔并建立国内唯一一支正式高尔夫校队,并获得大学生体育协会官方承认(图 1-3-2)。2010 年 5 月,该高尔夫球协会帮助厦门大学各学院建立高尔夫院队,筹备厦门大学校运会、校庆日校友赛、高尔夫院级对抗赛、"超毅杯"公开赛等赛事。厦门大学拥有自己的高尔夫球练习场,供球员们练习(图1-3-2)。

### 2. 华东康桥国际学校

华东康桥国际学校在高尔夫教育上投入资金上百万,建设了$500\text{m}^2$的屋顶高尔夫球练习场,配备了3台城市高尔夫教学设备供师生使用(图1-3-3)。

① 城市高尔夫教学设备

② 屋顶练习场设备

③ 屋顶练习场设备

图1-3-3 华东康桥国际学校高尔夫教学设备及屋顶练习场

### 3．杭州天地实验小学

杭州天地实验小学于 2014 年引进高尔夫课程,为了给孩子们的运动、游戏、学习提供更多的空间,学校设有专门训练的迷你高尔夫球练习场地、高尔夫球练习果岭,同时配备城市高尔夫教学设备,为孩子们下场打球提供平台(图 1-3-4)。

图 1-3-4    杭州天地实验小学高尔夫课

### 4．成都国际橄榄树幼儿园

成都国际橄榄树幼儿园是一所高尔夫+英语的主题幼儿园,园内设备功能齐全,设有迷你高尔夫、城市高尔夫、迷你果岭等高尔夫设备(图 1-3-5)。

图 1-3-5　橄榄树幼儿园迷你高尔夫球场

### 5. 深圳市明泉第一幼儿园

深圳市明泉第一幼儿园极为重视高尔夫教学,在校区量身打造了室外迷你高尔夫球运动场所。鲜艳亮眼的环形跑道、动感活泼的高尔夫涂鸦、匠心独具的高尔夫氛围,适合对 3~5 岁学龄前儿童进行高尔夫教学(图 1-3-6、图 1-3-7)。

图 1-3-6　明泉第一幼儿园迷你果岭

图 1-3-7　明泉第一幼儿园教师指导幼儿在果岭上练习推杆

# 第二章 高尔夫球运动的特点与文化价值

## 第一节 高尔夫球运动的特点

高尔夫球是一项将享受自然、体育锻炼和快乐游戏集于一身,拥有特殊魅力的运动。在阳光灿烂、风和日丽的日子里,踏在翠绿的、地毯般柔软的草地上,球员们三两知己,一边享受湖山美景,一边打着高尔夫球,扑面而来的是大地散发出的泥土芬芳,耳边萦绕的是树林里传来的小鸟的歌声,心情愉悦之余,身体也得到了全面的锻炼。

高尔夫球场一般选在有山有水、风景宜人的地方,因势而建,各不相同。球员挑战的是大自然的鬼斧神工和设计师的精心雕琢,全世界找不到两个一模一样的球场。草地也随季节的不同而变化,时而坚硬,时而松软;果岭上的球速时而慢、时而快;随着风雨的变化,季节的更替,球员在同一个球场打多少次球也不会厌倦。

同时,高尔夫球还是一种自我挑战的运动,球员一般会专注于自己打的球,对手的失误不能让其得分,他甚至不知道其他球员当时的成绩,所以高尔夫同组球员之间与其说是对手,不如说是同伴。高尔夫球运动也有裁判,但裁判不会跟着球员满场跑动,只有在需要裁判的时候他才会出现,对球员现场的规则适用问题做出裁决,这就要求高尔夫球员拥有绝对诚信和自律的品质。这项运动对于不守规矩者制定了非常严格的处罚。高尔夫球运动在数百年的演化中,逐步形成了以下独特的特点。

### 一、为他人着想、注重礼仪

常见的足球、篮球和橄榄球都是激烈对抗的运动,对手之间相互冲撞、拉扯、阻挡都是为了让自己得分,关键时刻的犯规甚至被视为拯救球队的英雄之举。高尔夫球运动截然不同,对手之间相互体谅,相互礼让,充分体现了这项运动的绅士精神。为他人着想的品质在高尔夫球场上无处不在。在开球区,球员打球之前要环顾四周,不要打到同组球员;在球道上,球位在后面的球员优先打球,也是避免打到同组球员的最佳方法;在沙坑里,球员打完球必须把沙地整理、趴平,以免影响下一个需要在这个沙坑击球的球员正常发挥。

## 二、挑战自我

高尔夫球与传统的体育运动项目不同,传统体育运动项目讲究的是团队配合、对抗、战术等,打高尔夫球并非是球员之间身体、速度和力量的较量,也不是打球者挑战身体极限的角逐。高尔夫球比赛要求球员尽可能打出平时的最佳成绩,甚至超越平时的成绩,因此它是一项挑战自我、超越自我的运动。高尔夫球运动没有对手作为参照物,球员在比赛全程都高度集中于自我的调节和控制,独自面对困难与挑战。高尔夫球是挑战自我技术、心理、智力、耐力、意志和体能的运动。刚刚荣登世界女子第一的高尔夫球员冯珊珊,她的习惯是在比赛过程中不看成绩板,只顾埋头打好自己的每一杆,因为知道成绩以后无论是兴奋还是紧张,都不利于自己水平的发挥。

## 三、诚信自律

高尔夫球比赛,就像是没有监考官的考试,球员对规则的遵守完全靠诚信、自律,为了面子或奖金而修改成绩的事情为人不齿,也非常罕见,因为一经发现处罚非常严重。高尔夫球员的自律还体现在情绪控制上,在高尔夫球场上我们基本上不会看到足球场上脱衣翻跳的场景,因为一旦球员太过兴奋,他下一洞打不好是大概率事件。

## 四、合理规划、敢于挑战

高尔夫球场是不变的,开球区、球道、果岭以及沙坑、水障碍都摆在那里,球员们会提前两三天去熟悉场地;高尔夫球场又是变换的,巡回赛一般都是四天为一个赛程,每天都会调整球洞的位置,天气也会改变,尤其是风的强度和方向,考验球员掌握风中击球的技巧,下雨天除非有雷电或者果岭积水严重,一般比赛会继续,雨中打球也是球员需要适应的。人们常说"高尔夫球是圆的",人们根本无法预测在球场会发生什么情况,各种特殊球位挑战着球员的智慧和经验。高尔夫球赛事有的固定场地,也有的每次比赛的球场各不相同,球场难度及外部环境都不一样,因此对于高尔夫球员而言,每一次比赛都是新的挑战。无论专业还是非专业,球员需要合理规划每一洞、每一杆的打球策略,需要冒险时候,要敢于大胆挑战;需要保守时候,要抵住诱惑,胜利永远属于既能提前做好规划,又能随机应变的人。打高尔夫球如人生,没有规划,不敢挑战和拼搏,你将沦为平庸之人。

## 五、尊重自己、尊重他人、尊重环境

### 1. 尊重自己

高尔夫球运动靠个人竞技水平的发挥来创造成绩和超越自我。在高尔夫球运动规则的影响下,球员对自己成绩的确认和评判非常考量自身的自律品质。有人说高尔夫球就像女人的脾气,琢磨不定。头一天打出70多杆的球员,在同一个球场,甚至天气和球洞位置都没什么变换的前提下,或许第二天就是90多杆。高尔夫球员永远都面临着全新的挑战,球场中的各种障碍、地形、天气、果岭速度,甚至同组球友的水平,都会影响到自身的发挥。

高尔夫球运动需要球员学会尊重自己,尊重正在发生的事情,无论外界有何等压力,都不远离自己的内心,诚实守信,尊重成绩,不欺骗自己,独立思考,并相信自己的选择。

### 2．尊重他人

在高尔夫球的世界里，球品胜于球技，以绅士风度享受高尔夫球运动，提倡高尔夫球礼仪是这项运动的精髓所在。也正因如此，世人称高尔夫球运动为"绅士运动"。例如：球员在开始挥杆之前，一定要保证在挥杆范围内无人站立，并且确认在球的飞行范围内没有其他人员；如果发现球飞向了某个球员附近区域，要喊"看球"以引起他的注意；在同组球员击球时，不能在他附近走动，也不能站得太近，更不能站在他的后方，影响他击球；需要尽可能保持安静，不要大声说话或者发出其他噪声来干扰其他球员击球；在比赛的过程中，距离球洞较远的球员享有优先击球权，这些都是我们尊重他人的表现。

### 3．尊重环境

优秀的高尔夫球场是规划出来的，不是建造出来的。世界顶尖的高尔夫设计师，都是环境的美容师，而不是雕塑家，他们尽可能不去破坏自然环境，只是对自然环境稍加修饰，使其更具独特性和挑战性。我们经常听到某个球场为了保护一颗古树，而修改了球道，还有的球场为了不打搅一群鸭子，而改变了果岭的位置，这些都是高尔夫球运动尊重环境的体现。

尊重环境还体现在每位高尔夫球员身上。2017 年的汇丰冠军赛上，世界排名第一的达斯汀·约翰逊和排名第十一的布鲁斯·科普卡两人一起走上果岭后，拾起自己的球，并做好标记，同时弯下腰，开始修补打痕。这时正好一位观众按下快门，记录下了这个瞬间。比赛还没有结束，这张照片就传遍了高尔夫圈子，大家都为这两位球星点赞，也为高尔夫运动对环境的保护点赞。

## 六、趣味性

高尔夫球是一项与自己为敌的运动，策略和智慧在高尔夫球运动中非常重要。球员从踏上开球区开始，面向开阔的球道，面临的挑战无穷无尽，在不同地点击不同的球，需要大量的脑力参与，考虑各种因素。比如：球道策略，放置球的位置及选杆；击球的过程也是身心和意志锻炼的过程，更是一种遗憾的美;杆头与球在草地上碰撞出的速度和力量,长距离的击球,几十码的救球,一推进洞的叮咚声,这种经过精心控制达到目的的过程会给人带来前所未有的成就感;一次击球能产生十二种常规飞行路径的效果,还有更多科学的击球数据,如球杆路径、攻击角度、初始速度、倒旋值、旋转角度等给球员带来无尽的智慧挑战;不同障碍球,如沙坑救球、坡位球、长草救球等如何处理,抑或是在推击过程中,草坪的高低起伏甚至草的生长方向如何影响推杆的线路和力度,等等。这里面要掌握的技巧有很多,这让高尔夫球运动的乐趣永无止境;高尔夫球运动娱乐性极强,制胜因素也多种多样:力量、距离、稳健、技巧、手感、策略、运气等,都是决定球是否进洞的因素,难以掌控或许是高尔夫球运动成瘾的重要因素。每一次漂亮的击球,第一个小鸟(该洞成绩低于标准杆 1 杆),第一只老鹰(该洞成绩低于标准杆 2 杆),第一次破百(标准杆为 72 杆的球场上打出 100 杆之内的成绩),第一个 8 字头(标准杆为 72 杆的球场上打出 80 杆之内的成绩),这些都是你永远忘不掉的记忆和乐趣。

# 第二节　高尔夫球运动的文化价值

高尔夫文化以高尔夫球运动为基础,礼仪及规则构成高尔夫球运动的文化的核心。简言之,诚信、自律、为他人着想、自我挑战是高尔夫球运动最直接的文化特征,同时也是高尔夫球运动的精神所在,这是高尔夫球运动爱好者们都认同和秉承的。

高尔夫球运动给大众的第一印象是什么?“高大上”、奢侈、贵族、腐败,是有钱人玩的运动,这是大多数人的看法。常言道:凡是看事物的两面,过于片面反而会忽略一些重要的东西。也有人把高尔夫(GOLF)理解成迈步走向锦绣前程,即 go to the light future,代表的是积极、阳光、向上,这也是对高尔夫球运动的一种正面解释吧。学习打高尔夫球是为了什么？并不是让每个人都成为高尔夫球选手,而是借助高尔夫球这项运动,让青少年能够习得礼仪、掌握技能、陶冶性情、构筑自我。这就像人们学习语文,不一定要成为作家,更多的是为了用语言去表达与沟通;学习音乐,不一定要成为音乐家,更多的是为了通过音乐形式去表达对生活的热爱。高尔夫的文化与精神不限于此,高尔夫让我们看到世界上有更大、更远、更高、更美的东西。有人说高尔夫不是高尔夫,它是一种视野,向我们传达的是一种文明、礼仪、规则。它表达了一种素养。那么,高尔夫有哪些文化价值和精神体现呢？

## 一、讲究诚信、自我约束

高尔夫球运动最大的特点是在没有裁判监督的情境下进行,参与者靠自觉恪守规矩的诚信。如果孩子们从小就在球场上恪守规矩和礼仪,长大后一定会恪守社会规矩与准则。高尔夫球运动可以让孩子们学到更多做人的道理。诚信是一种诚实不欺、言而有信的品德,在高尔夫球运动里它主要体现在球员自觉、自律、自我约束方面。在球场上,在没有观众、没有裁判的时候,球员诚实地处理每一杆,在思想和行为上做到自律,才是一名合格的高尔夫球员。

## 二、注重礼仪、培养风度

所谓"人无礼则不立,事无礼则不成"。高尔夫球是一项讲究礼仪和规矩的运动,如在他人击球时保持安静,穿戴得当,留意相互礼让,恪守球场规矩等。孩子们从触摸高尔夫球开始,他们就在耳濡目染地学习这些礼议和标准,培育崇高的情操。从小接触高尔夫球运动,注重高尔夫礼仪有助于培养孩子们的绅士风度,让他们受人尊敬和喜爱。

## 三、修身养性、挑战自我

在高尔夫球场上,球员永远面临着挑战,这种挑战有时候是挑战自我,有时候是挑战球场。每一次击球,甚至选择球杆,都是一场挑战;每一次胜利对球员来说都是一种超越。当球员面对好球时,不可高兴太早;面对失误时,也不可懊恼失态。球场18洞犹如一场人生,有成、有败、有喜、有憾,这样的过程需要慢慢品味。好的成绩是在一个平和、处变不惊的心态下取得的,需要在长期打球的过程中不断追求良好的心态,修身养性,磨炼毅力。

## 四、举止稳重、气质高雅

作为一项绅士运动,高尔夫球运动崇尚的是崇高道德和高雅气质。高尔夫球选手在任何时候都应该表现出礼貌谦让的运动精神,随时为他人考虑,在这样的环境下易于培育孩子们从小就养成礼貌谦让的习惯,懂得为他人考虑,有助于孩子们快乐成长。

## 五、独立性和判断力

有人描述高尔夫球的18洞就好像人生,艰难重重,有时欢喜、有时烦恼,需要球员独立面临各种艰难,正确地判别、细致地考虑,得出解决方案,并承担全部结果。球员虽然是在打球,但更像是接受生活的锻炼。打高尔夫球的孩子有着逾越年龄的老练与成熟,独立性和处理问题的能力都比较强。

## 六、与人交际与沟通

有许多孩子要么过分自我、骄傲自大,要么烦闷自闭、羞于开口,而高尔夫球场为孩子们提供了一个最佳的交际平台,让他们在这里结识一同寻求进步、讲究礼仪、恪守规矩的兄弟,并一起成长。高尔夫球运动为孩子们提供了一个在对等、公平、标准的氛围里迎战他人、挑战自我的时机,让他们可以开阔视野、合作前进。

高尔夫精神赋予了高尔夫球运动以灵魂,它以特有的语言,规范着球场的秩序。成文或不成文的规则,体现了高尔夫球运动所蕴含的价值观、道德规范和行为准则,潜移默化地影响和约束着球员们的行为,正是这样的高尔夫球运动,磨炼了人的性格,陶冶人的情操,也正是这样的高尔夫精神,创造了人们热衷的平等和更具兼容性的公平环境,让更多的人充满热情地投入到高尔夫球运动中去。

一位家长总结,让孩子学习高尔夫球,钱都花在哪儿啦?

为孩子学会遵守纪律、专注和奉献花了钱;

为孩子学会照顾自己的身体和珍惜装备花了钱;

为孩子学会冷静思考问题、提升独立自主能力花了钱;

为孩子学会在没有取得期望的排名或头衔时能积极面对挫折、克服困难并竭尽全力继续努力,败不馁胜不骄花了钱;

为孩子学会不仅尊重自己,而且尊重其他运动员和教练花了钱;

为孩子知道成功的背后,需要艰苦努力地付出才能获得冠军,而不是一夜之间就获得成功花了钱;

为孩子懂得为小的成就感到自豪,并不断为长远目标努力花了钱;

为孩子提供与人沟通、交流,结交好友的机会花了钱。

## 第三节　高尔夫球育人小故事

"成功的高尔夫球员,靠的是心智和人格的强大,而非仅是身体的强壮。"

——阿诺德·帕尔默(Arnold Palmer)

### 一、中国高尔夫首位"世界一姐"

在球场上,软实力表现为宽容、诚信、责任感等思想素质,硬实力表现为技术、能力、智谋等科学素质。高尔夫如人生,球品见人品。从一个人的打球习惯中,我们往往能看出其修养、品德与性格等。对于高尔夫球运动员来说,职业之路漫长而艰辛。丰硕的成果,离不开天赋,离不开家人的支持,更离不开自身的不懈努力。

　　冯珊珊,人称"国宝珊",中国女子高尔夫球运动员,中国历史上第一块奥运高尔夫球奖牌获得者,中国内地第一个获得 LPGA 巡回赛全卡的选手,2012年 LPGA 锦标赛(大满贯赛)冠军得主,并于 2017 年荣登"世界一姐"宝座(图2-3-1)。冯珊珊的父亲冯雄一直从事高尔夫球运动,是广州高协组建青少年高尔夫球队最早的参与者之一。最初,冯雄只是让冯珊珊打球来锻炼身体,没想到冯珊珊在高尔夫球方面表现出了惊人的天赋。因此,冯家倾其所有,辅助冯珊珊走上了职业球员的道路。1999 年,10 岁的冯珊珊开始拿起球杆,每天 2个小时打 200 个球训练,尽管是南方女生,但冯姗姗的体能特别出众。在 2017年蓝湾大师赛中,本土作战的冯珊珊在前三轮交出了 69 杆、67 杆和 73 杆的成绩,在进入决胜轮前,她以 1 杆的优势占据了积分榜首位。在决胜轮,她情绪稳定,稳扎稳打,抓下了 4 个小鸟球,在最后一洞时,依然保有 1 杆的领先。关键时刻,冯珊珊顺利保帕(标准杆进洞)以 1 杆的优势夺得冠军,同时,也登上世界第一的宝座,成为首个高尔夫排名世界第一的中国内地选手。

图 2-3-1　冯珊珊挥杆

## 二、顽强拼搏的简森·戴伊

　　简森·戴伊(Jason Day),13 岁获澳大利亚大师赛少年组冠军,19 岁成为最年轻的纳信怀德巡回赛冠军,22 岁获得首座美巡冠军奖杯,2018 年世界排名前十名。6 岁时父亲带他到附近的一家高尔夫俱乐部注册成为会员,从此他与高尔夫结缘,8 岁时他就开始在家附近的地区赢得比赛(图 2-3-2)。

图 2-3-2　简森·戴伊挥杆

在 2015 年美国公开赛中简森·戴伊在个人最后一个洞将球击入果岭沙坑的时候,无任何征兆摔倒,头部重重撞在了地上,一动不动。后经医生诊断,他患有良性阵发性位置性眩晕症,当时他两轮成绩低于标准杆 3 杆。经过短短的救治后,简森·戴伊晃晃悠悠地站了起来,只见他站入沙坑,强忍着身体的不适,将球救出来,现场观众顿时沸腾,虽然他两推拿下柏忌(高于标准杆 1 杆进洞),最终单轮成绩 70 杆,两轮总成绩 68-70 低于标准杆 2 杆,但是他用自己坚强的意志完成了次轮比赛。在被送去接受进一步医疗检查之前,简森·戴伊还不忘到记分处交卡,面对突如其来的困境,简森·戴伊坚持克服,充分展现了意志坚定、顽强拼搏的运动员精神。

## 三、以高尔夫球精神做慈善事业

曹德旺是福耀玻璃集团董事长、福建高尔夫球协会会长,被称为"玻璃大王"和"慈善大王"。

打高尔夫球是曹德旺一生持之以恒的"事业",他的晨练就是清晨五点半一个人在球场打球,甚至在大雨滂沱的天气下也不曾中断。他说,雨水淋在脸上,有一种刺激的感觉。离福清市不远的一家高尔夫俱乐部,十几年来球僮们都习惯于天不亮就看到他独自驾车而来。天还没有亮,他和球僮用自带的手电筒照亮球场打球。球僮问他:您为什么这么早来打球啊?他回答:我还需要赶回去上班。经营企业和打高尔夫球一样,在成功路上,勤奋和努力是必不可少的伴侣(图 2-3-3)。

图 2-3-3 "玻璃大王"曹德旺

同样,曹德旺还将这种精神带到了他的慈善事业中。他捐股成立慈善基金会,虽然中途困难重重,却不曾放弃。他说:我希望带个头,引起企业家重视慈善事业。

一个人打高尔夫球的习惯,往往能展现一个人的品质。曹德旺在打球中,一直坚持不懈、迎难而上。他坚持着自己的独特之路,不被他人眼光左右,同样,在做慈善的道路上也是如此,面对困难挫折,面对别人异样的眼光与不解,他始终坚持做自己。

## 四、商场如球场

李嘉诚极为痴迷高尔夫球运动。球友这样评价李嘉诚:他打球就和他做人做事一样,尽管姿势并不好看,但很实用。在高尔夫球场打球时,李嘉诚有感而发:我的时间一般都是由别人安排,只有在球场上的一个半小时完全属于我自己。做生意和打球一样,若第一杆打得不好的话,并不表示这个洞会输,在打第二杆时,心更要保持镇定及有计划,就等同做人及做生意一样,有高有低,在身处逆境时,你先要镇定考虑如何应付(图2-3-4)。

图 2-3-4　李嘉诚挥杆

高尔夫球如人生,需要坚持,更需要规划。一时的挫折,甚至是失败也在所难免,我们要做的就是及时收拾心情,继续迎战。

# 第三章　高尔夫球运动的基础知识

## 第一节　高尔夫球场地

高尔夫球场规模都比较大,从选址、规划、设计、建造、维护都需要专业团队精心打造,兼具娱乐性、观赏性和挑战性(图3-1-1)。美国设计协会的前主席 Michael J. Hurdzan 博士说过:"一个设计得好的球场,就是高手觉得不容易,初学者觉得不难。"球场通常由草坪、树木、小溪、沙坑、湖泊或山丘等自然景物构成,是由球场设计人员通过精心设计创造的存在于大自然中的艺术品。一般一个标准的高尔夫球场地占地 1 200 亩($8×10^5 m^2$)左右,长 7 000yd[1](约 6 398m),宽度可变,共设置 18 个球洞,包含开球区、球道、障碍区、果岭、球洞等部分。下面以某球场的一个球洞为例展示其主要构成(图3-1-2)。

图 3-1-1　高尔夫球场远眺

---

[1]　yd:yard,码,1 码 ≈0.914 米。

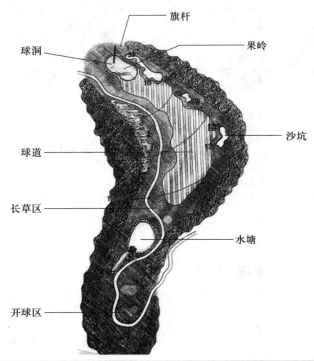

图 3-1-2　高尔夫球场球道图

旗杆

球洞

果岭

球道

沙坑

长草区

水塘

开球区

## 一、球场运动功能区的构成

### 1. 发球台(Tee Ground)

高尔夫球场的每个洞击出第一杆的地方,都在一个相对平坦的区域,这个区域就是发球台。面积根据球场使用、打球人数来确定,灵活多变,一般为 $100 \sim 400 m^2$ 不等。发球台内有两个发球台标志(Tee Marker),两个标志的连线为打球线,是允许击球的最前沿。打球线后面不超过两倍球杆长度的区域被称为开球区,即规则允许下的开球区是一块以两个开球区标志的连线和两只杆身长度为长和宽的矩形。当一块开球区草皮受损严重时,可以移动 Tee Marker 在发球台内调整开球区的位置(图 3-1-3)。

图 3-1-3　在发球台挥杆开球

发球台分类:有时我们会称发球台为 Tee,为适合不同的球员,不同颜色的发球台标志会区分出不同的发球台(图 3-1-4)。

金 Tee:职业选手发球台。

黑 Tee:单差点球员发球台。

蓝 Tee:业余男子发球台或职业女子发球台。

白 Tee:60 岁以上老人或青少年球员发球台。

红 Tee:女子发球台。

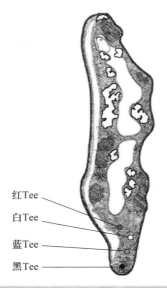

红Tee
白Tee
蓝Tee
黑Tee

图 3-1-4　不同的发球台

### 2. 球道(Fairway)

球道是球场中连接发球台与果岭的部分,也是球场面积最大的部分(图 3-1-5)。标准 18 洞球场的球道总长为 6 000~6 500m,宽 33~109m。球道距离是开球区到球洞的长度,以米(m)或者码(yd)为计量单位。以男子球员为例,一般长度 250yd(228.6m)以内的称为短球道,标准杆数是 3 杆;251~470yd(229.5~429.8m)的称为中距离球道,标准杆数是 4 杆;471yd(430.7m)以上的称为长球道,标准杆数是 5 杆。标准高尔夫球场应拥有 18 个洞、标准总杆数为 72 杆左右,一般包括 4 个三杆洞、10 个四杆洞、4 个五杆洞(表 3-1)。

图 3-1-5　宽阔平坦的球道

表 3-1　球道长度与标准杆码数规定

| 标准杆(Par) | 男子(Yardage) | 女子(Yardage) |
| --- | --- | --- |
| 3 | ≤250(228.6m) | ≤210(192.0m) |
| 4 | 251~470(229.5~429.8m) | 211~400(192.9~365.8m) |
| 5 | ≥471(430.7m) | 401~575(366.7~525.8m) |
| 6 | | ≥576(526.7m) |

### 3. 罚杆区和沙坑(Penalty area and bunker)

为了增强高尔夫的挑战性和娱乐性,一般的球场都会设置罚杆区和沙坑,还有草坑、树林等(图3-1-6)。

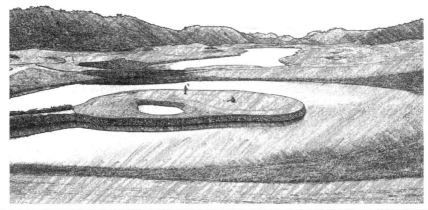

图3-1-6　岛果岭周围的罚杆区

### 4. 果岭(Green)

果岭是每个球洞的终点,18个洞就有18个果岭,面积600~1 800m$^2$,是球场中最具挑战性和变幻莫测的部分。标准杆为72杆的球场,在果岭上产生的标准推杆就为36杆,因此推杆水平是决定成绩优异的关键因素。为了提高果岭球速,果岭上的草一般都剪得非常短,低至3mm,通常人们还会用果岭碾压机反复碾压。球在果岭上以最快的速度可滚动15英尺(4.6m)以上(通过专用果岭测试仪进行滚动测试)。果岭的坡度起伏比较小,坡度大的果岭会分成两层果岭或三层果岭,这将大幅度提高该洞的难度(图3-1-7)。

由于地域差异,果岭草坪上的草的品种选择就会有差异,草坪的纹路也会不同,草坪纹路越复杂,对球的运动轨迹影响也就越大,果岭难度就越高。观察果岭的坡度起伏和草纹的方向是每个高尔夫球员的必修课,很多人穷其一生也未能掌握其中的奥妙。

图 3-1-7　球道尽头的果岭

## 5. 洞杯(Hole)

洞杯,即通常所说的球洞,位于果岭上,是每条球道的终点,洞杯的直径为 4.25 英寸(10.8cm),深度至少为 4 英寸(10.16cm)。除非土质不允许,规则要求洞杯至少要沉入果岭表面以下 1 英寸(2.54cm),洞杯通常由金属或塑料制成,推球入洞发出的声音,是每个高尔夫球运动爱好者都喜爱的美妙的声音(图 3-1-8)。

图 3-1-8　洞杯

### 6. 旗杆(Flag)

由于洞杯太小,而且嵌入果岭内,远处很难辨识,于是就有了旗杆。旗杆用来标示洞杯的位置。一般来说,旗杆直径为1.8cm,长度为5英尺(约为1.5m),有的旗杆可以收缩,一般来说收缩长度34cm。果岭旗的尺寸:宽30cm、长50cm。通常球场会用不同颜色的旗子来表示洞杯在果岭的位置,红旗代表靠前,白棋代表居中,蓝旗代表远离球道,每个球场的规定都不一样,球员需要参照球场本地规则来确定(图3-1-9)。

图3-1-9　果岭上标示洞杯位置的旗杆

## 二、高尔夫球场的类型

高尔夫球场的建设并没有一个严格的统一的标准,世界各地有许多风格各异、特色鲜明的球场。为了能有所区分,人们将高尔夫球场划分成不同的类型。

根据球场长度与标准杆数,高尔夫球场可分为非标准球场和标准球场。非标准球场不足18洞或总标准杆低于68杆、球道偏短,主要有商务球场、三杆洞球场、小型球场和九洞球场;标准球场则具备 18 洞,总标准杆 68 杆以上,总长度达 6 200m 以上。根据地形特点,高尔夫球场可分为山地球场、海滨球场、森林球场、河川球场、平原球场、丘陵球场和沙漠球场等,如图 3-1-10 至图 3-1-16 所示。

图 3-1-10　山地球场

图 3-1-11　海滨球场

图 3-1-12　森林球场

图 3-1-13　河川球场

图 3-1-14　平原球场

图 3-1-15　丘陵球场

图 3-1-16　沙漠球场

## 三、其他非标准高尔夫球场地

### 1. 高尔夫球练习场

　　高尔夫球练习场是专门提供给高尔夫球运动爱好者练习挥杆以及接受专业培训的场所。按照建造以及功能使用差别,高尔夫球练习场一般有真草练习场和树脂纤维打击垫打位练习场两种。练习场通常也会配备果岭、沙坑练习区域,供大家在练习木杆和长铁杆之余,还可以练习推杆、沙坑杆和短杆(图 3-1-17)。

图 3-1-17  高尔夫球练习场

### 2. 城市高尔夫

城市高尔夫,也叫室内高尔夫,顾名思义,就是建造在室内的仿真高尔夫,通过摄像感测、数据分析、投影呈现等一系列科技,帮助人们实现逼真的高尔夫球运动体验。这是基于城市高尔夫游戏设备和特定空间,通过高尔夫球运动游戏软件和城市高尔夫 APP 移动交互,实现高尔夫球运动、高尔夫教学、高尔夫社交、高尔夫娱乐的新型消费模式。室内模拟设备将高尔夫球场蓝图和实拍图片,经过 3D 制作,通过投影机投影展现在球员面前,球员可使用真球杆和真球体验真实的下场击球感觉(图 3-1-18)。

图 3-1-18  高尔夫室内模拟设备

### 3. 迷你高尔夫

迷你高尔夫球场是缩小版的高尔夫球场,也有开球区、球道、罚杆区和球洞等,只需少数几支球杆或仅仅使用一支推杆就可打遍全场。迷你高尔夫球场也可以是18洞,也可以做迷你9洞、6洞或3洞,没有严格的规定,也没有标准杆的要求。迷你高尔夫的规则一般参考高尔夫球场的规则,也可以由球员自我约定,主要目的就是让初学者尤其是孩子们喜欢上高尔夫球运动。这种迷你高尔夫的场地适用于幼儿园或者小学,欧美也有将迷你高尔夫和餐饮结合,作为家庭聚会中心来单独经营的(图3-1-19)。

图3-1-19 迷你高尔夫球场

### 4. 简易打击笼

随着高尔夫球运动的逐渐普及,一些没有条件的学校和社会机构会因地制宜地建造了一些练球设施,最常见的就是打击笼,用正方形的钢架撑起一个网笼,就是一个练球的场所。这种练球设施通常建在操场、体育馆、大楼顶层等处(图3-1-20)。

图 3-1-20　简易高尔夫打击笼

# 第二节　高尔夫球装备

## 一、球具

### 1. 球杆

一套球杆通常是指"3 木 9 铁 1 推",球员可以根据自己的需要再加配一支挖起杆或是铁木杆。在正规的比赛中,每位选手最多只能携带 14 支高尔夫球杆参赛。

（1）木杆

木杆杆头较宽,最先是用木头制成的,现在多用金属材料制作。在科技日益进步的今天,使用钛合金和碳纤维作为主要材料的木杆杆头最为流行,主要用于打远距离的球,通常分为两种:

发球木杆——1 号木杆;

球道木杆——3 号木杆、4 号木杆、5 号木杆、7 号木杆、9 号木杆。

号码越小,表示杆身越长,杆头越大,杆面倾角越小（图 3-2-1、图 3-2-2）。

5号木杆　3号木杆　1号木杆

图3-2-1　1号木杆、3号木杆、5号木杆

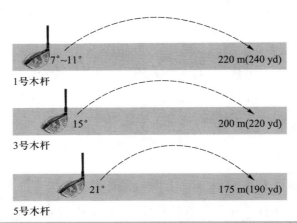

7°~11°　　　　　　220 m(240 yd)

1号木杆

15°　　　　　　200 m(220 yd)

3号木杆

21°　　　　　　175 m(190 yd)

5号木杆

图3-2-2　各种木杆的杆面角度和业余成年男子击球距离参考值

（2）铁杆

铁杆杆头较窄,用不锈钢、铸铁或钛合金材料制成,多用在短距离开球或在球道上击球,主要用来追求稳定性和操控性。

常见的铁杆有3号、4号、5号、6号、7号、8号、9号,以及P杆,数字越大,杆身长度越短,在通常情况下,3号铁杆的长度是最长的,打出的球飞行距离较远(图3-2-3、图3-2-4)。

图 3-2-3　铁杆组

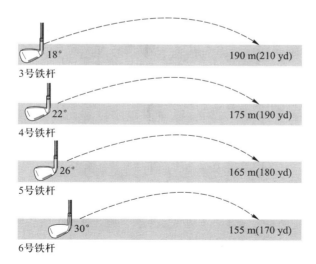

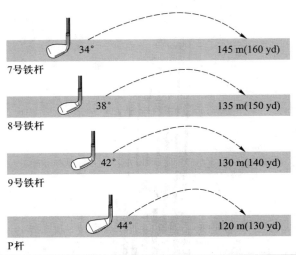

图 3-2-4　各种铁杆的杆面角度和业余成年男子击球距离参考值

（3）推杆

推杆是在果岭上推球入洞的专用球杆，推杆杆身一般为 14 支杆中最短的（图 3-2-5）。

图 3-2-5　"一"字形推杆

（4）铁木杆

铁木杆通常被称为混合杆，也有人叫它"小鸡腿"，它既像铁杆，又像木杆。铁木杆利用半木杆造型及较长的杆身，采用高出球角度和高旋转设计，弹道高,飞行距离远。长铁杆在打球时,打得远而准,但技术要求较高,不容易打好;木杆虽然容易打,击球距离远,但往往落点不准,这时铁木杆的优势就可以发挥了(图3-2-6)。

图3-2-6　铁木杆

(5)挖起杆

挖起杆具有各种不同角度的型号,也被称作角度杆。挖起杆属于特殊铁杆,杆身较短,主要用于在果岭周围及沙坑或长草区救球时使用(图3-2-7、图3-2-8)。

图3-2-7　挖起杆

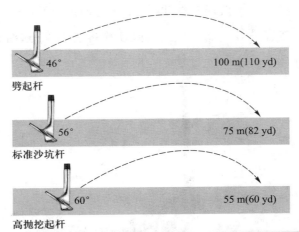

劈起杆　46°　　　　　　　100 m(110 yd)

标准沙坑杆　56°　　　　　75 m(82 yd)

高抛挖起杆　60°　　　　　55 m(60 yd)

图 3-2-8　不同角度挖起杆的杆面角度和成年人击球距离参考值

### 2. 高尔夫球

R&A 对高尔夫球有严格的规定,球的形状和制作不得与传统和习惯产生重大差异,球的材料和结构不得违背规则的目的和意图。球的质量不得超过 1.620 盎司(45.9g),球的直径不得小于 1.680 英寸(4.267cm),球不得被设计、制造或有意更改得具有不同于球体对称性的球的特性。球的初速度不得超过 R&A 规定的"高尔夫球初速度标准"的限制。在总距离标准限定方面,使用 R&A 认可的仪器测量,球飞行和滚动的总距离不得超过 R&A 规定的"高尔夫球总距离标准"的距离。同时高尔夫球表面被制作有许多凹痕,专业术语叫蜂窝,主要作用是调节球的飞行轨迹,减少阻力,使高尔夫球飞行的距离增大。从结构划分,高尔夫球基本可分为 4 类(图 3-2-9)。

(1) 单层球

这种球球体用硬橡胶压制而成,一般仅用于练习或用于练习场。

(2) 双层球

双层球是最常用的球,主要兼顾了球硬度和控球,非常耐用,是一般爱好者的最佳选择。如果需要打得远,球员就要选择硬度较大的球,反之则选择较软的球。

（3）三层球

三层球是高水平球员常用的球,是目前最具有高旋转性和击球感觉的球。

（4）多层球

多层球使用任何击球力度都能产生最佳效果,一般的职业球员使用得较多,价格相对较贵。

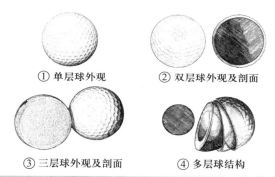

① 单层球外观　　　② 双层球外观及剖面

③ 三层球外观及剖面　　④ 多层球结构

图 3-2-9　4 类高尔夫球

### 3. 球 Tee

球 Tee 主要用于开球架球,也可用于在球道和果岭上标记球的位置以及代替果岭叉修复果岭上球的打痕(图 3-2-10)。

图 3-2-10　被球 Tee 架起的球

### 4. 球包

球包主要用来装打球用具,如球杆、高尔夫球、球 Tee、雨衣、球鞋等装备。目前最常见的是 8 英寸（20.3cm）或者 9 英寸（22.9cm）的职业巡回赛球包（图 3-2-11）。

　　另外，支架球包是带有支架的球包，相比于标准包，它更轻便，方便携带（图 3-2-12）。

图 3-2-11　职业巡回赛球包

图 3-2-12　支架球包

　　枪包式球包即高尔夫练习杆袋，是去练习场常用的包，练习时不用背整套杆去，只需装上一两支或几支球杆。因形似装枪的包而得名，最大特点是轻便（图 3-2-13）。

　　航空球包是专为高尔夫球运动爱好者出远门打球而设计的一种球包，可放置出行的所有行李，包含衣物和鞋子等（图 3-2-14）。

图 3-2-13　枪包式球包

图 3-2-14　航空球包

## 5. 服装

高尔夫球运动是一项非常注重礼仪的运动,优雅得体的着装是高尔夫文化的一部分,体现了对他人和自己的尊重(图3-2-15、图3-2-16)。

最常见的着装要求:

(1)男士必须穿有领的T恤、宽松的休闲裤,衣服需要扎进裤腰里。

(2)女士必须穿有领的T恤、宽松的休闲裤、运动短裤或短裙。

(3)必须穿着高尔夫专业球鞋。

其他具体的着装礼仪要求见本章第三节的"着装礼仪"内容。

图3-2-15 青少年男球员着装示范　　图3-2-16 青少年女球员着装示范

戴高尔夫球帽不仅起防晒作用,还是高尔夫礼仪中不可或缺的一项。在有些球会,不戴高尔夫球帽者,不允许下场打球(图3-2-17)。

图3-2-17 戴高尔夫球帽

　　高尔夫球鞋是专门为高尔夫球运动设计的特殊鞋子,通常底部有钉子,分为硬钉及软钉两种,主要是能提供强大的抓地力,让球员在击球时能站得更稳,在雨天一双防水性能较好的鞋子显得尤为重要(图3-2-18)。

图 3-2-18　高尔夫球鞋

　　手套可以让球员在挥杆过程中感觉更加安全及舒适,可以避免在手部的汗水接触到球杆时,手会不好控制球杆。右手球员将手套戴在左手上,左手球员将手套戴在右手上,而女士通常戴双手(图3-2-19、图3-2-20)。

图 3-2-19　男士手套

图 3-2-20　女士手套

## 二、青少年球员如何选杆

　　工欲善其事,必先利其器!青少年属于特定群体,身体发育尚未完全,在选杆上有一定特殊性,不能当成人来对待!但大人(包括家长、教练等)对待球杆的态度往往会对孩子产生深刻的影响,包括选杆、购杆和球杆保养等。如果大人对球杆的选择认真而严谨,那么孩子对待球杆乃至高尔夫这一运动的态度也必定认真;如果大人非常爱惜球杆,那么孩子对球杆也会珍爱有加。

**1. 青少年球员选杆误区**

在青少年球杆的选择上,常见的误区是认为在成人杆的基础上降低长复标准就可以给孩子使用。青少年有自身的身体状况相对应的参数,假若只对成人杆进行截短处理,而杆头的重量没有改变,杆身的硬度也没变,那将不能符合青少年球员的挥杆标准。

**2. 青少年球员主要选杆参数**

（1）球杆长度

球杆长度是青少年球员选杆需要考虑的第一个因素。青少年球杆与成人球杆最直观的区别就是杆身长度不同,青少年正处在快速生长发育的阶段,根据不同的年龄段和身高,应选择的适宜的杆身长度也不尽相同,具体选杆长度指标见表3-2、表3-3和表3-4。

表3-2　不同年龄段青少年球员木杆杆身长度参考标准　（单位:cm）

| 年龄组 | 性别 | 1号木杆 | 3号木杆 | 5号木杆 |
|---|---|---|---|---|
| 5—7 岁 | 男/女 | 83 | 81 | 79 |
| 8—10 岁 | 男/女 | 93 | 91 | 89 |
| 11—13 岁 | 男/女 | 103.5 | 101 | 98.5 |
| 14—16 岁 | 男 | 107 | 105 | 103 |
| 14—16 岁 | 女 | 103.25 | 101.25 | 99.25 |

表3-3　不同年龄段青少年球员2—6号铁杆杆身长度参考标准　（单位:cm）

| 年龄组 | 性别 | 2号铁杆 | 3号铁杆 | 4号铁杆 | 5号铁杆 | 6号铁杆 |
|---|---|---|---|---|---|---|
| 5—7 岁 | 男/女 | — | 73.5 | 72.25 | 71 | 69.75 |
| 8—10 岁 | 男/女 | — | 84 | 82.75 | 81.5 | 80.25 |

续表

| 年龄组 | 性别 | 2号铁杆 | 3号铁杆 | 4号铁杆 | 5号铁杆 | 6号铁杆 |
|---|---|---|---|---|---|---|
| 11—13岁 | 男/女 | — | 91.5 | 90.25 | 89 | 87.75 |
| 14—16岁 | 男 | 96.25 | 95 | 93.75 | 92.5 | 91.25 |
| 14—16岁 | 女 | 93.75 | 92.5 | 91.25 | 90 | 88.75 |

表3-4　不同年龄段青少年球员7—9号铁杆、挖起杆及推杆杆身长度
参考标准　　　　　　　　（单位：cm）

| 年龄组 | 性别 | 7号铁杆 | 8号铁杆 | 9号铁杆 | 挖起杆 | S挖起杆 | 推杆 |
|---|---|---|---|---|---|---|---|
| 5—7岁 | 男/女 | 68.5 | 67.25 | 66 | 65.5 | 65 | 65 |
| 8—10岁 | 男/女 | 79 | 77.25 | 76 | 75.5 | 75 | 75 |
| 11—13岁 | 男/女 | 86.5 | 85.25 | 84 | 83.5 | 83 | 83 |
| 14—16岁 | 男 | 90 | 88.25 | 87 | 86.5 | 86 | 86 |
| 14—16岁 | 女 | 87.5 | 85.75 | 84.5 | 84 | 83.5 | 83.5 |

　　不同身高的青少年就要配备对应长度的球杆,通常青少年每长高15cm就应该更换一套球杆,12岁以下的青少年换杆周期为1年半到2年。考虑到成长速度快,青少年球员应该选择比正常身高匹配的长度更长一些的球杆,通常比正常的匹配长度长1英寸(2.54cm),这样第二年长高的时候还能用。综合考虑青少年球员的身高、手掌大小、球杆长度和成长特性等指标,青少年球员的握杆距离以距离球柄末端1.5～2英寸(4～5cm)较为合适(图3-2-21、图3-2-22)。

图3-2-21　青少年挥杆

图 3-2-22　青少年 1 号木杆

（2）杆身硬度、重量、尺寸

许多大人将成人使用的球杆裁短之后给青少年球员用，青少年球员很难驾驭。目前市面上的杆身硬度多以 L（杆身软弹道高）、A（或 M）、R、S（或 F）、X（杆身硬弹道低平）五级标示。用 L 硬度的铁或者碳纤维制作杆身的球杆，最适合青少年球员使用，青少年球杆的杆身柔韧性相当好，用手都可以轻松让它弯曲。同时，青少年球杆的重量和尺寸也与成人杆有所不同。尤其儿童力气小，杆身需选比较轻的；儿童的手掌也比较小，握把及杆身尺寸也需选比较小的。关于儿童杆的选择可以咨询教练或者这方面的专业人士，因人选杆。

（3）青少年球员常用套杆组合

目前市场上针对青少年（此处含儿童）配备的不同规格的球具通常可分为以下 4 个年龄段的型号。

第一阶段：适合 3～5 岁的儿童使用，由 1 支 1 号木杆、1 支铁杆、1 支推杆以及 1 个球包组成。

第二阶段：适合 6～8 岁的儿童使用，由 1 支 1 号木杆、1 支球道木杆、1 支铁杆、1 支推杆以及 1 个球包组成。

第三阶段:适合9~12岁的儿童使用,由1支1号木杆、1支球道木杆、2支铁杆、1支推杆以及1个球包组成。

第四阶段:适合13~16岁的青少年使用,由1支1号木杆、2支球道木杆、4支铁杆、1支推杆以及1个球包组成(图3-2-23)。

图3-2-23　青少年球员与球包

针对低差点(高水平)的青少年球员,传统的青少年球杆已经满足不了他们的需求,这时候他们就有必要寻觅一套或定制一套完备的球杆,再加上两支特殊杆,才有可能帮助他们进一步提升球技水平,降低杆数。

## 三、校园高尔夫球其他装备及选择

### 1. 基础学球用具(图3-2-24)

图3-2-24　球包以及铁杆、推杆

**2．其他专用练习用具**

有些学校在教学过程中，会采用杆头较大的塑料球杆（图3-2-25）。

青少年教学常会用到软球，即质地柔软、弹性较大的高尔夫球（图3-2-26、图3-2-27）。

图 3-2-25　大头球杆

图 3-2-26　练习用球

图 3-2-27　软球

# 第三节　高尔夫球礼仪

## 一、安全第一

安全是青少年高尔夫球运动的头等大事，如果小球员对于球和球杆的坚硬程度没有足够的认识，球场将会变成一个危险之地，所以请务必注意以下安全事项。

**1. 校区教学区域安全**

青少年球员在挥杆前务必听从教师的指令,先环顾四周,确保在击球安全距离2.5m范围内没有其他人和物,严禁随意挥杆;在挥杆区域有人挥杆时,严禁站立在击球者前方、身旁或后方;除教师有具体指示或安排外,在挥杆区域外严禁挥杆。

注意用正确的持杆方式:在未挥杆或击球前,应手握杆头倒立持杆,严禁握住握把持杆乱挥(图3-3-1)。

图3-3-1　非挥杆时的正确持杆动作

未经教师准许,在他人挥杆时,严禁自行捡球。

未经教师准许,严禁打开任何教学设备,如电源、模拟器等设备。

除正常球具外,严禁携带与上课无关的危险物品进入教学区域。

除正常课程外,严禁在教学区域内玩耍或停留。

如遇任何问题,第一时间先找教练或辅导教师,请求帮助。

**2. 户外活动区域安全**

参加任何户外比赛或活动,先热身,活动开身体关节,避免受伤或影响发挥,严禁上场直接挥杆。

　　在球场上,没有教师或裁判的指令,严禁随意挥杆,伤及他人;在挥杆前注意观察周围,如在前后左右 3m 安全距离内是否有人。在其他球员挥杆时,注意保持 3m 安全距离,严禁站立在击球者前方、身旁或后方(图 3-3-2)。

图 3-3-2　与挥杆者保持安全距离

　　在球场上,在其他球员挥杆时,严禁发出任何杂音或随意走动。

　　在球场上,严禁学员自行驾驶球车。

　　在球场上,当自己或其他球员击球时,观察球的飞行方向,若球的落点朝向人群,为避免球击伤人,此时应对着人群大喊一声"看球"。当在球场区域听到他人对自己大喊看球时,双手抱头蹲下保护自己。

　　在球道及障碍区域,击球前须确保击球目标区域没有其他人和物,严禁站立在其他球员挥杆区域阻碍其打球线路,避免伤及自己和他人。

　　当球打不好时,学会快速自我调整,严禁发脾气、扔球杆或任何破坏球场设施、草皮的行为。

　　在练习场上,没经教师或球场工作人员准许,严禁下场捡球。

## 二、着装礼仪

　　高尔夫球运动是一项非常注重礼仪的运动,优雅得体的着装是高尔夫文化的一部分,也是对他人和自己的尊重。

### 1. 男士着装要求

上衣要有领有袖;裤子要求是休闲裤或短裤,裤长不短于大腿中部;鞋子要求是运动鞋或高尔夫球鞋;在佩戴帽子时,帽檐必须朝前戴正(图3-3-3)。

### 2. 女士着装要求

上衣要有领有袖或是有领无袖;裙长不短于大腿中部;鞋子可选运动鞋或高尔夫球鞋;在佩戴帽子时,帽檐必须朝前戴正(图3-3-4)。

图3-3-3　男士着装示例

图3-3-4　女士着装示例

**避免以下非规范着装**

上衣:无领无袖的上衣、背心等。

裤子:牛仔裤、田径运动裤、热裤、超短裤等。

裙子:超短裙等。

鞋子:拖鞋、凉鞋、高跟鞋、西装皮鞋等。

随着时代的发展,高尔夫着装经历了较大的发展和变化,已经不再像过去那样保守和束缚了,但它依然有着自己的一套规范,一般情况下高尔夫球员应着标准的高尔夫服装(图3-3-5)。

图3-3-5　百变的高尔夫着装风格

## 三、球场礼仪

高尔夫球运动作为一项优雅的运动,球场礼仪亦是其亮点之一,我们都应当文明守礼,自觉形成良好的球场风范。

### 1. 不可以迟到

在比赛规则中,迟到的处理办法是取消比赛资格,也就是被视作弃权。规则规定迟到5分钟之内不会被取消资格,但要处罚,比杆赛罚2杆,比洞赛则算开始那个洞输。

### 2. 打球速度

球员应保持较快的打球速度,如果一组球员比前面一组落后一洞及以上,而延误了后组,无论后面的组有几名球员,这组球员都应让后组先行通过。选手如果在确定球有可能遗失或在界外时,为了节约时间,应使用暂定球。补球也需要等到全组发球完毕后再进行。打球过程中,要"慢打快走"(图3-3-6)。

图 3-3-6　慢打快走

### 3. 修复球道、果岭草痕

在击球之后，要把掀起的草皮重新放好。修复打痕要在自己打完球后进行，否则会被视为改变击球环境，对其他人不公平而被罚杆。球落到果岭上时会在果岭上留下球痕，选手上果岭后应主动寻找球痕并进行修复（图 3-3-7）。

### 4. 复原沙坑

在沙坑中击球之后要把沙坑重新耙平（图 3-3-8）。

图 3-3-7　修补球痕

图 3-3-8　修补沙坑痕迹

### 5. 开球车注意

球车或手拉车应远离果岭。别人正在打球时，球车应当停车等待。

### 6. 借用球杆

在规定的一轮中,如果球杆在正常打球过程中被损坏,球员可以向同伴借用,但是需满足以下条件:不得借用正在该球场打球的任何其他人员的球杆(球杆借给你会影响其他人打球时使用);借过来的球杆要一直用到该轮比赛结束,中途不可以归还。

### 7. 在最长击球范围内不得击球

只要前面组的球员还处在待打球员最长击球范围内,待打球员就不得击球。

### 8. 保持安静

不要以与对方讲话或者过于靠近对方的方式干扰其他球员的击球。

### 9. 丢失球

如果本组球员还在找寻丢失的球,就要让后面的组员先行通过。

### 10. 球场上的先行权

除非委员会另有规定,球场上的优先权由一组球员的打球速度决定。打完全部一轮的组有超越未完全部一轮的组的权利。

### 11. 球洞区维护

旗杆是下一组球员确认果岭的标志,也是指示球洞位置的标志。因此,离开果岭时,球员要将旗杆小心地插回球洞中,另外在将旗杆或将球从球洞中取出时不要损坏球洞,更不要用球杆的杆头取球,而是用手轻轻拿出,轻轻放置旗杆,同时不要踩到其他球员的推击线及回推线(图3-3-9)。

图3-3-9  插旗杆

### 12. 开球与结束礼仪

在开球时,互相握手示好,自我介绍,并祝对方好运;在结束后,脱帽握手道贺(图 3-3-10、图 3-3-11)。

| 图 3-3-10　赛前握手 | 图 3-3-11　赛后握手 |

### 13. 观赛礼仪

高尔夫球运动是一种绅士运动,在观赛时,观赛者应当尊重环境,尊重他人,避免影响其他球员的发挥,做一名合格的观赛者;在入场前将电子设备调至静音或震动模式,保持肃静,在有人打球时候不要接听电话;遵守球场规定,在观赛区内活动,勿越过圈绳进入比赛场地;当球员登台进行介绍时,应当给予热烈掌声,表示支持是一种美德;当球员做出击球准备时,请肃静;当球员击出好球时,应给予热烈掌声;当球员击出坏球后,请勿大声评论或抱怨;在近距离观赛时,不能大声喧哗、急行猛跑或发出噪音,特别是当"请肃静"的牌子举起时,应严格遵守(图 3-3-12)。

图 3-3-12　在他人击球时请勿讲话

在拍照时关掉快门声音和闪光灯,在取景时最好用远距离的长镜头,以免影响球员打球。尽量选择球员在行走或移动时拍照,或是在第18洞果岭前往计分处的通道上,其他时间请勿拍照。

可以固定在一定的位置观看比赛,比如1号或者10号洞的开球区,或者在9号或18号洞的球洞区(果岭),也可以选定某一洞的某一位置定点观看,还可以随着某个运动员或者某一组选手跟随观看。应走指定路线,比赛时不能进入选手比赛的球道,不能进入围绳之内。站在打球者视线外,不走动、不说话,确保其不受干扰。

如听到任何人大声叫唤"Fore(或看球)!"千万不要把身体转到面向选手的那一方,或尝试找出高尔夫球的来势或方向,而应该立即用双手护住自己的头部并蹲下。

爱护场地,注意鞋不要碾压草皮,不要移动各种木桩和围绳,不要靠近水障碍和进入沙坑。不要捡拾和触碰选手的球。注意球场卫生,不要乱丢垃圾。

在球员未完成18洞比赛之前,禁止向球员索要签名或者要求合影留念。

# 第四节　高尔夫球规则

官方的高尔夫球规则是由英国皇家古典高尔夫俱乐部(R&A)与美国高尔夫球协会(USGA)共同制定和发布的。高尔夫球运动是一项极讲究规则与礼仪的运动,在赛场上,没有裁判跟着,规则自在心中,球员完全靠自律完成比赛,这才是高尔夫球运动的精神意义。

## 一、高尔夫球的比赛形式

### 1. 比洞赛

在比洞赛的赛制下,参赛选手为两个人或两队,进行一对一对抗,在每一洞根据杆数决出胜负,最后根据选手赢得的球洞数决定最终名次。

比洞赛的常用形式如下。

个人比洞赛:每名球员以个人形式参加比赛,按个人成绩进行竞争。

四人两球赛、四人四球赛:与比杆赛的四人两球赛、四人四球赛类似,但按"洞"为单位,以比洞赛规则决胜负,在"莱德杯"采用的赛制中,其中的一轮比赛便是四人两球比洞赛。

高尔夫球赛最初的形态是比洞赛,但由于比洞赛需要选手进行多轮淘汰才能决出最后冠军,因此不适合大量选手同时参加,因此目前世界职业高尔夫球坛的主要赛事都改用比杆赛。

### 2. 比杆赛

比杆赛规定以最少的杆数打完一轮或数轮的比赛者为胜者。国际大赛和全国比赛均采用比杆赛形式。

与比洞赛不同的是,比杆赛规定球员必须待球被击入球洞后,才可移往下一洞的开球区去开球。而比洞赛是在每一洞就决定胜负,因此只要对方同意,就不必坚持球皆需进洞之原则。在比杆赛和比洞赛中,选手违反规则所受处罚也有所不同。一般而言,比杆赛的犯规处罚是罚1杆或2杆,而比洞赛的处罚是判定该洞输球。

比杆赛的常用形式有三种。

个人比杆赛:每名球员以个人形式参加比赛,按个人成绩进行竞争。

四人两球赛:两名球员结为伙伴参加比赛,对抗另外两名互为伙伴的球员;伙伴两个人打一个球,轮流击球,计算伙伴两个人杆数相加的成绩。

四球赛:也是两名球员结为伙伴参加比赛,对抗另外两名互为伙伴的球员;每人各打一个球,每洞按杆数较低的球员的成绩作为两个人的成绩。

"世界杯"采用的便是四人两球和四球比杆赛。

## 二、高尔夫球赛事中的主要规则

在正式的高尔夫球比赛中,球员若不清楚相关的重要规则,很可能因不经意间被罚杆而输掉比赛。高尔夫球运动是遵守规则的运动,下面介绍几种常见的规则,以避免被罚。

### 1. 球杆上限

在开第一球前,球员必须检查球袋中球杆的数量有无超过上限,即最多14 支球杆。携带超上限球杆的,将被罚至多两个洞,每洞罚 2 杆或被取消比赛成绩。

### 2. 球杆与球符合标准

在比赛前,球员务必确保携带的球杆、球在材质、工艺、形状等各个方面符合赛事标准。

### 3. 开球区

球不可离开开球区,球员可以站在界外打球。在比杆赛中,开球违规会被罚 2 杆,并被要求重新开球。

### 4. 准备球规则

当球员准备好了就可以进行击球。每球的击球时间为 40 秒。

### 5. 意外触球

球员如果没有击球意识,意外触碰到球,把球放回原处则不会受到处罚。球员在果岭上或寻找球时不小心移动球将不再受罚,有意移动球的情况除外。

### 6. 暂定球

如果在开球时预测球可能会遗失,在事先告知对手的情况下,球员可选择击打暂定球,将暂定球打出后,可拥有 3 分钟去找寻第一次击出的球,若找回,可免罚而继续比赛;若无法找回,先前的暂定球则变为比赛用球,接下来打的这一杆算第四杆。

### 7. 界外球

打出界外球(out of bounds,OB)需重新开球,且罚 1 杆,这是对杆数和距离的规定处罚。

OB 单行规则:① 不再规定需要回到原位重新击球,罚 1 杆;② 球友在合理判断球出界的位置抛球,罚 2 杆。注意:此规则不适用于职业赛事及高级的业余赛事(图 3-4-1)。

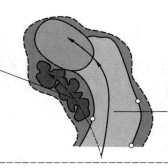

### 打暂定球

打出的第一球落进深长
草区，担心球会遗失。

最佳处理方式是选择暂定球。
无法在3分钟之内找到原来的
比赛球，就必须把暂定球作
为比赛球，并且加罚1杆，打
的暂定球算第三杆。因为罚
杆的原因，下一次击球就要
算第四杆。

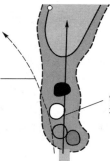

### 打出界外球

开球严重偏离预定路线，
导致球消失在界外，需重
新开球。

假设重开的这一球落在界内，
这一次击球就算第三杆。

图 3-4-1　暂定球与界外球

### 8. 沙坑球

特别需要注意的是球员在沙坑击球时，不可以在试挥和瞄准时使杆头触碰沙，否则罚1杆。远离球的所在区域，球杆无意中碰到沙不再受罚。当遇到沙坑里无法打的球时，新规则允许球员有两种方式解决：一是在沙坑内抛球罚1杆；二是在沙坑外，在与球洞反向的延长线上抛球，罚2杆。

### 9. 如何执行罚杆抛球

罚杆抛球要遵循章程行事，球员首先必须做出手势以知会他人，抛球时身体站直，手向前伸，然后放手让球落地，不可改变球的下落轨迹。若球位于待修复地面、临时积水区或无法移动障碍物等位置，球员可以执行免罚抛球。以前在抛球时，规则要求与肩同高。而根据新规则，在抛球时，高尔夫球员需要从膝盖以上高度进行抛球。这将确保抛球过程的一致性，同时还保留抛球的随机性（图3-4-2）。

图 3-4-2　抛球

## 10. 罚杆区

球落入黄色罚杆区,一般有三种处理方式:在现状下打球,回原点打球,在与球洞反向的延长线上选取参考点,并在一杆范围内抛球,如图 3-4-3。球落入红色罚杆区的处理方式见图 3-4-4。

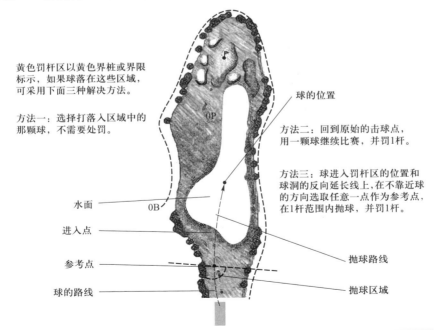

黄色罚杆区以黄色界桩或界限标示,如果球落在这些区域,可采用下面三种解决方法。

方法一:选择打落入区域中的那颗球,不需要处罚。

球的位置

方法二:回到原始的击球点,用一颗球继续比赛,并罚1杆。

方法三:球进入罚杆区的位置和球洞的反向延长线上,在不靠近球的方向选取任意一点作为参考点,在1杆范围内抛球,并罚1杆。

水面

进入点

参考点

球的路线

抛球路线

抛球区域

图 3-4-3　球落入黄色罚球区的处理方法

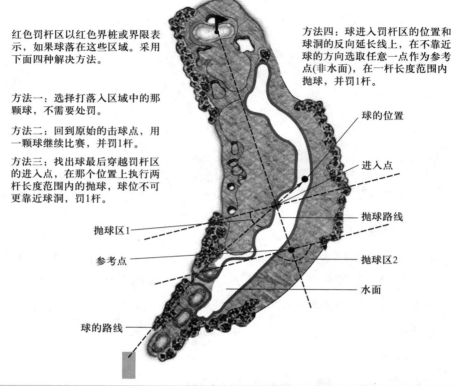

红色罚杆区以红色界桩或界限表示，如果球落在这些区域，采用下面四种解决方法。

方法一：选择打落入区域中的那颗球，不需要处罚。

方法二：回到原始的击球点，用一颗球继续比赛，并罚1杆。

方法三：找出球最后穿越罚杆区的进入点，在那个位置上执行两杆长度范围内的抛球，球位不可更靠近球洞，罚1杆。

方法四：球进入罚杆区的位置和球洞的反向延长线上，在不靠近球的方向选取任意一点作为参考点(非水面)，在一杆长度范围内抛球，并罚1杆。

球的位置

进入点

抛球路线

抛球区2

水面

抛球区1

参考点

球的路线

图3-4-4　球落入红色罚杆区的处理方法

## 11. 果岭规则

球上果岭后,在规则允许和征得同意的情况下球员可以擦拭球,但必须做好标记;如球损坏可以换球;可以修复球痕,扫开落叶树枝和松散的沙,但不可修复鞋钉痕迹。在果岭上球员不可触碰推杆路线及回推线,不可采用抛球等方式测试果岭的坡度等数据,在别人推出的球还未停止时不可推球。

## 12. 移动球标

球标如果刚好位于另一个球员的推杆路线上或会影响其击球、站姿,则需要移动。球员应先用推杆定标,即将杆头趾部放在球标旁,再把球标捡起放置在杆头根部旁边,持续该动作直至不再影响他人击球。

### 13. 整修地

球场因击球受损而"大面积"重新种植的草皮为整修地(待修复地面),这种区域会围有白线或蓝桩并标有"GUR"标识。若球刚好落入这个区域,球员可在待修复地面不阻碍站姿或球位的 1 杆长度范围内执行免罚抛球。

### 14. 散置障碍物

浮于地面的小树枝、树叶、石头、空罐、沙耙等,可在不触碰球的情况下移除。球员如不小心碰触球,会被罚 1 杆。除沙坑外,在罚杆区里击球前,球杆可以碰触地面,球员也可以移除树叶或石头等松散物体。

### 15. 连击

在一次击球过程中,球员球杆连续撞击球一次以上为连击(double hit),新规则规定连击将不再受 1 杆处罚,即只算一次击球。

# 第四章　高尔夫球运动基本技能

用高尔夫球杆击球,把高尔夫球从 A 点移动到 B 点,看似简单,实则需要考虑到会影响挥杆的所有主要因素:设备、运动心理学、人体解剖学、规则、高尔夫球场环境、训练和实践等,尤其这一章讲到的高尔夫球运动基本技能。

## 第一节　挥杆前准备动作

挥杆有两个非常重要的阶段,第一是挥杆前准备动作,第二是实际挥杆本身。无论是在校园里学习或球场打球,球员都应该养成挥杆前做好准备动作的良好习惯。

挥杆前准备动作对于每个人都不一样,找到最适合自己的动作有助于提高击球的稳定性。挥杆前准备动作可以概括为五个部分:握杆(grip),瞄准(aim),站姿(stance),球位(ball position)和身体形态(posture),如图 4-1-1。

图 4-1-1　挥杆前准备动作

## 一、握杆

### 1. 握杆步骤

美国高尔夫传奇人物本·侯根（Ben Hogan）曾经说道：好球技始于好握杆。

以下是握杆的基本步骤，以右手球员为例，左手球员相反即可（图4-1-2）。

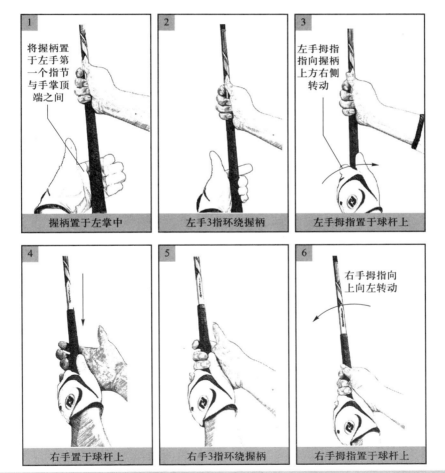

图4-1-2 挥杆握杆步骤

步骤 1：以左手食指第二指节和小拇指第三指节（根部）为一条线，将握把与这条线重叠，握把末端留出 1～2cm。

步骤 2：左手中指、无名指、小拇指握住握柄。

步骤 3：左手的大拇指向握柄上方，向右侧翻转，虎口贴紧。

步骤 4：右手向着左手滑动，使握柄处于右手食指的第一个指节与小拇指最末端之间。

步骤 5：右手中指、无名指、小拇指握住握柄。

步骤 6：右手的大拇指在握柄上方，向左侧翻转，虎口贴紧，将杆头方正置于地面后，左右手两个虎口指向平行，朝向右耳和右肩之间。

**2. 握杆的检查点**

① 双手应该手心对手心；② 左右手虎口指向平行，指向右耳和右肩之间；③ 右手大鱼际包住左手大拇指，从正前方看看不到左手大拇指；④ 右手上的虎口倒 V 字形应该指向右肩；⑤ 左手只能看到两个指关节（如图 4-1-3）。

图 4-1-3　握杆检查

**3. 几种合理的握杆方式**

有三种握杆方式供球员选择，球员应每种方式都感受一下，找到最舒适、最合适自己的一种(图4-1-4)。

| 互锁式 | 重叠式 | 棒球式 |

图4-1-4　三种握杆方式

互锁式握杆对于手指短的人而言最佳。

重叠式握杆更适合手指够长的人。

棒球式(十指式)握杆可能更适合初学者。

### 4．握杆力度

握杆力度不宜太紧,否则会导致前臂紧张,影响挥杆的流畅性,但也不能太松,这样可能会失去对球杆的控制(图4-1-5)。

图4-1-5　握杆力度示范

握杆力度是一种感觉,是在主观感受的基础上伴随着不断练习形成的。

球员在感受握杆力度时可以想象手里握着一只小鸟,握杆的力度介于不能让小鸟飞走,同时不伤害小鸟之间。球员可以尝试在击球时先尽量轻轻地握住握把,随后再用力握住,通过反复练习找准适合自己的握杆力度。

## 二、瞄准

高尔夫球运动是一个目标导向的运动。考虑到最终的目标——球洞比较小,且位于近 $8\times10^5\,m^2$ 的高尔夫球场上,正确瞄准非常重要。当在开球区用 1 号木杆开球时,瞄准的目标是比较宽阔的球道;当接近果岭时,目标开始变窄、变小。高尔夫球运动的最终目标是将小白球击入果岭上的洞杯中,球员只有通过对瞄球目标的校对,才能使每一颗球更加精准,因此瞄准目标对打出的每一颗球以及最终成绩至关重要。

### 1. 杆面对准(如图 4-1-6)

(1)当杆面与球和目标线垂直时,就是瞄准了目标。

(2)当杆面对着球和目标线的右方时,就是杆面开放。

(3)当杆面对着球和目标线的左方时,就是杆面闭合。

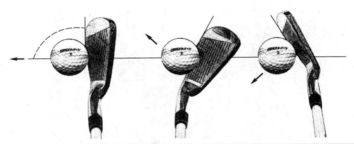

图 4-1-6 铁杆杆面状态

### 2. 找准击球目标

球员在瞄准时,第一件事是将杆面对准目标,然后是双手、双肩、髋部、膝盖和双脚与目标线平行,依次检查、摆正身体。球员需要站在球后方,观察远处的目标,然后尝试在自己的目标和球之间想象一条虚拟连接线。球员可以在球前方 2 ~ 3 英尺(0.6 ~ 0.9 米)的地方选个参照物,可以

是一块草皮、一个破损的发球座或一片叶子,并将自己的杆面瞄准所选参
照物(图4-1-7)。

图 4-1-7　目标参照物击球

### 3. 对齐练习

我们可以通过模拟"火车轨道"来练习瞄准和对齐:想象在你双脚前横
着两条火车轨道,身体向下瞄准其中一条轨道,再用球杆瞄准另一条轨道,
而目标恰好在这条轨道的延伸线上,球将沿着这条轨道飞行(图4-1-8)。

图 4-1-8　对齐练习

（1）在地面上平行放置两支球杆,其中一支放在球的前面。

（2）另一支球杆与双脚尖连线平行。

（3）手中球杆的杆面和球的连线正对击球目标点,身体与击球线路平行。

## 三、站姿

站姿是挥杆前准备动作的重要环节,与瞄球时双脚张开的宽度和球离双脚的位置密切相关。球员只有在球杆杆头接触球之前、之间和之后保持正确的站姿,才能更好地完成挥杆动作。不正确的站姿会影响球员的击球精准度和距离,所以养成正确的站姿习惯非常重要。

下面介绍一下标准站姿。

（1）标准站姿正面

双脚打开,与肩同宽,宽度见图4-1-9;右肩略低于左肩;头部位于球的后方;右臂轻微弯曲(肘部弯向右髋);左臂伸直。

（2）标准站资侧面

手臂自肩部自然下垂,双手手掌并拢,所在位置就是握杆位置;膝盖微微弯曲;腰部以上向前倾(图4-1-10)。

图4-1-9　站姿（正面）

图4-1-10　站姿（侧面）

保持正确站姿的注意事项:身体与击球路线保持平行;右肩比左肩略低。

## 四、球位

球位是指高尔夫球与两脚的相互关系(图4-1-11)。球杆越长,球越向前放(靠左脚)。球杆长度缩短,球将逐步向后放(靠右脚),如图4-1-12。为了青少年学球的直观性,我们通过四个球位来简化这一步骤的学习:左脚跟内侧球位、偏左脚球位、居中球位、偏右脚球位。

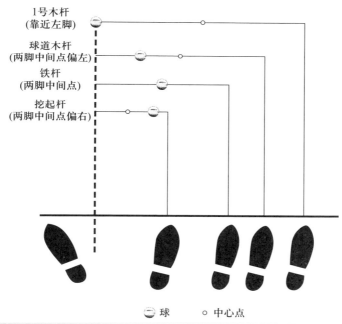

1号木杆
(靠近左脚)

球道木杆
(两脚中间点偏左)

铁杆
(两脚中间点)

挖起杆
(两脚中间点偏右)

⊖ 球　　○ 中心点

图4-1-11　不同球杆的球位

图4-1-12　不同球杆站位示范

　　（1）左脚跟内侧球位（图4-1-13）：该球位适用于1号木杆，也就是开球的时候。

　　（2）偏左脚球位（图4-1-14）：该球位适用于较长的球杆，如球道木杆、长铁杆等。

图4-1-13　左脚跟内侧球位

图4-1-14　偏左脚球位

　　（3）居中球位（图4-1-15）：该球位适用于中、短铁杆。

　　（4）偏右脚球位（图4-1-16）：该球位适用于短铁杆以及挖起杆。

图4-1-15　居中球位

图4-1-16　偏右脚球位

## 五、身体形态

　　好的身体形态能保证球员稳定、准确和有力量地挥杆。下面通过图示来学习正确的身体形态。

（1）正确的前倾角度能更好地保持身体的平衡，这样的身体形态会让球员非常舒适，降低肌肉的紧张程度（图4-1-17）。

图4-1-17　前倾角度

（2）从图4-1-18可看出，正确的脊柱形态需要避免"C"形姿势以及"S"形姿势。这两种错误的姿势都会限制球员的身体旋转能力，容易导致腰部损伤。

图4-1-18　脊柱形态

（3）由于在握杆时是左手在上、右手在下，球员就会出现左肩高于右肩、脊柱微微向右倾斜的状态（图4-1-19）。

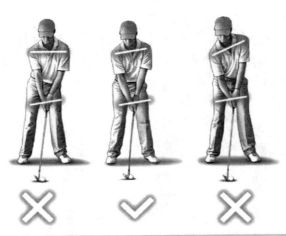

图 4-1-19　脊柱侧倾角度

　　挥杆前准备动作是影响击球质量的关键,为了做出正确的挥杆动作,球员需要了解挥杆前准备动作的重要性。挥杆前准备动作中的任何一个环节出现错误都会影响击球的质量。一旦球员掌握好了挥杆前准备动作,就可以真正开始挥杆了(图 4-1-20 至图 4-1-22)。

图 4-1-20　击球准备

图 4-1-21 上杆

图 4-1-22 向目标位置挥杆击球

# 第二节 挥杆原理

挥杆需要注意四个方面：① 影响击球结果的因素；② 高尔夫球击球定律和飞行原理；③ 通过专业学习与实践，找到适合自己的打法与风格；④ 善于用自身的体能优势和潜能，利用优势来弥补自身的劣势。

## 一、击球定律

20 世纪 70 年代间，美国职业高尔夫球员加里·伟伦博士总结了球飞行的五大定律。

### 1. 杆头速度

杆头速度是杆头在击球瞬间的速度，主要影响球飞行的距离。如果球击到了甜蜜点，杆头速度越快，球的初始速度就越快。

### 2. 杆头轨迹

杆头轨迹是球员挥杆时杆头运动的方向，主要影响球的初始方向。杆头轨迹一般有由内向内（inside-in）、由外向内（outside-in）、由内向外（inside-out）三种。相对于目标线来说，由内向内的挥杆是杆头先从目标线左侧下杆到与目标线方向一致，再到目标线左侧送杆；由外到内的挥杆是杆头先从目标线右侧下杆，在与目标线交叉后向左侧送杆；由内向外的挥杆是杆头先从目标线左侧下杆，在与目标线交叉后再向目标线右侧送杆。

### 3. 杆面朝向

杆面朝向是指击球时杆面的开放、方正或关闭状态，主要影响球的末端方向。在同样的挥杆条件下，开放的杆面导致球的飞行向右偏，关闭的杆面导致球的飞行向左偏。

### 4. 击球角度

击球角度是指击球瞬间的动态杆面角度（图 4-2-1），不同的球杆杆面倾斜角度不同，主要影响球飞行的弹道和距离。

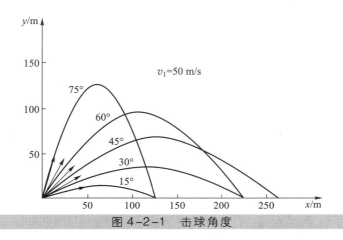

图 4-2-1　击球角度

### 5. 击球中心度

击球中心度是指杆面的击球中心点与杆心甜蜜区域中心的对应程度，主要影响球飞行的距离、起飞角、起飞方向（图 4-2-2）。

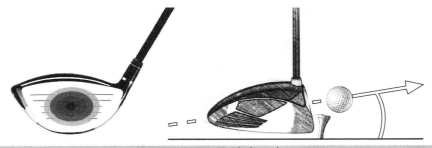

图 4-2-2　击球中心度

## 二、球的飞行原理

在挥杆前，我们来简单了解一下高尔夫球的飞行原理。（对于右手球员）球路一般分为九种：有左拉左曲球（pull draw）、左直球（pull straight）、左拉右曲球（pull slice）、左曲球（straight draw）、直球（straight）、右曲球（straight slice）、右推左曲球（push draw）、右直球（push straight）和右推右曲球（push slice），如图 4-2-3。

**左拉右曲球**
触球时杆头轨迹由外向内，杆面开放。由外向内的杆头轨迹让球起飞向目标线左侧，但随着飞行杆头轨迹的作用力减小，开放的杆面在飞行过程中让球向右侧偏转。

**右曲球**
触球时杆头轨迹由内向内，杆面开放。由内向内的杆面飞向目标，开放的杆面让球初始被飞向目标，杆面让球在后半程向右侧偏转。

**右推右曲球**
触球时杆头轨迹由内向外，杆面开放。由内向外的挥杆杆头轨迹让球向目标线右侧飞，开放的杆面让球继续向右侧偏转，更加弯离目标线。

**左直球**
触球时杆头轨迹由外向内，杆面方正。由外向内的杆头轨迹让球起飞向目标线左侧，方正的杆面飞行过程中不会让球在飞行路线左侧偏转。

**直球**
触球时杆头轨迹由内向内，杆面方正。由内向内是最理想的飞行方向，不论是杆头轨迹还是飞行杆面角度都不会让球偏离目标线。

**右直球**
触球时杆头轨迹由内向外，杆面方正。球向目标线右侧飞，杆面不会让球在飞行过程中发生偏转。

**右拉左曲球**
触球时杆头轨迹由外向内，杆面关闭。由外向内的杆头轨迹导致球起飞向目标线左侧，然后关闭的杆面导引球继续向左侧偏转。

**左曲球**
触球时杆头轨迹由内向内，杆面关闭。由内向内的杆头轨迹是飞向目标的，但关闭的杆面让球在后半程向左侧偏转。

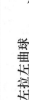

**右推左曲球**
触球时杆头轨迹由内向外，杆面关闭。由内向外的挥杆杆轨迹让球向目标线右侧飞，关闭的杆面使球在后半程向左侧偏转。

击球弧度

挥杆路径 ⟶ 球的飞行弹道

图4-2-3 挥杆路径与球的飞行弹道

**1. 挥杆轨迹与目标一致时(inside-in)**

① 杆面正对目标,则球向目标方向直线飞行,即直球;② 杆面朝向目标左侧,球先向目标直线飞行一段距离后再向左侧弯曲飞行,即左曲球;③ 杆面朝向目标线右侧,球先向目标直线飞行一段距离后再向右侧弯曲飞行,即右曲球。

**2. 挥杆轨迹从外向内挥时(outside-in)**

① 杆面朝向与挥杆轨迹一致,球向目标线左侧直线飞行,即左直球;② 杆面朝向挥杆轨迹左侧,球先向目标线左侧直线飞行一段距离后再向左侧弯曲飞行,即左拉左曲球;③ 杆面朝向挥杆轨迹右侧,球先向目标线左侧直线飞行一段距离后再向右侧弯曲飞行,即左拉右曲球。

**3. 挥杆轨迹从内向外挥时(inside-out)**

① 杆面朝向与挥杆轨迹一致,球向目标线的右侧直线飞行,即右直球;② 杆面朝向挥杆轨迹左侧,球先向目标线右侧直线飞行一段距离后再向左侧弯曲飞行,即右推左曲球;③ 杆面朝向挥杆轨迹右侧,球先向目标线右侧直线飞行一段距离后再向右侧弯曲飞行,即右推右曲球。

## 三、其他关键技术

### 1. 挥杆平面

挥杆平面是指在挥杆过程中,以身体躯干为中心、以手臂和球杆为半径旋转形成的圆形斜向平面(图4-2-4)。不同的球杆,不同的身高,以及不同的站姿都会影响到挥杆平面与地面所形成的夹角。夹角越大,挥杆平面就越陡峭;夹角越小,挥杆平面就越扁平。

每个人都有属于自己的理想挥杆平面,并没有统一的标准。通常球杆越长,挥杆平面就越扁平;球杆越短挥杆平面就越陡峭。理想的挥杆平面最有利于球杆以正确的挥杆轨迹下杆击球,简而言之,就是让杆头更容易还原到击球位置,从而实现"从内侧到方正再到内侧"的挥杆轨迹。挥杆平面衡量的标准是在半挥杆位置的时候握杆末端的延长线是否指向球的位置或者略微内侧一点。假如是这样,那挥杆平面就已经接近完美了。如果指向球的外侧或者过多地指向内侧,则平面较为扁平或陡峭。假如挥杆平面较为陡峭,那么球员在下杆时就容易产生由外向内的挥杆轨迹,打出初始方向向左的球;假如挥杆平面较为扁平,就会导致挥杆轨迹由内向外,打出初始方向向右的球。

图 4-2-4　挥杆平面

### 2. 挥杆节奏

节奏指的是球员在挥杆过程中速度的变化,可以用口令"一二三"或"一二三四"来控制。每个人的挥杆节奏不同,简单来讲,上杆是下杆时长的两倍。

### 3. 挥杆速度

挥杆速度是在单位时间内完成上杆、下杆和收杆动作的过程,挥杆速度一般分为快速、中速和慢速。挥杆速度代表球员的风格,不同球员通常有不同的挥杆速度,从而形成一定的挥杆风格。按照动量守恒定律($M_1 \times V_1 = M_2 \times V_2$),我们可知在干净击球的前提下,已知杆头重量 $M_1$ 和球的重量 $M_2$,当击球瞬间的杆头速度 $V_1$ 越大时,球的初始速度 $V_2$ 就会越大,球飞行得越远。

**4.挥杆作用力**

挥杆作用力是指球员在挥杆过程中身体克服阻力所释放的最大力矩,是力量和速度的有机结合,挥杆力量越大,杆头速度越快,球的初始速度就越大,球飞行得越远。

**5.动态平衡**

动态平衡是在球员在挥杆过程中控制身体的同时,合理地转移重心,平衡对球员的运动表现至关重要。在高尔夫学习中,球员需要始终保持平衡,将重量朝脚掌分配,膝盖略微弯曲,以便在挥杆时保持平衡。动态平衡不好的高尔夫球员常常侧向运动的幅度过大,转体的幅度不够。

# 第三节　全挥杆基本技术

## 一、木杆全挥杆基本技术

木杆主要包含 1 号木杆、3 号木杆和 5 号木杆,其中 1 号木杆杆头最大,杆身最长,全挥杆幅度也最大,通常架球高于杆面半颗球位左右,因此球员需要向上击球才能击中杆面中心。本节主要通过 1 号木杆的全挥杆动作来了解木杆的基本挥杆技术,为了使 1 号木杆挥杆更加流畅,球员需要牢记以下三点:

① 在从挥杆开始到结束的全过程中,保持头部在球的后方;② 因为球位在球员站位的前方且在球座上,球员需要把身体 60% 的重心放在右脚上

（图4-3-1）；③ 保证左肩比右肩稍高,脊柱向右倾斜（挥杆动作分解见图4-3-2）。

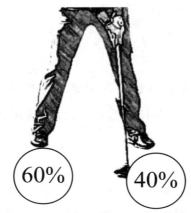

图4-3-1　用1号木杆挥杆的身体重心比例

图4-3-2　1号木杆连贯的挥杆分解图

### 1. 引杆

关键词——"推"。球员可以通过以下要素来检查引杆动作(图4-3-3)：

① 引杆的第一步是用左手平稳地将球杆推动；② 重量集中在前脚掌；③ 身体重心放在右腿和脚内侧；④ 保持双膝膝盖弯曲；⑤ 当球杆与地面平行时,杆趾指向天空；⑥ 双手高度齐腰；⑦ 左手臂稍微弯曲,不要紧锁。

### 2. 上杆

关键词——"立腕"。球员可以通过以下要素来检查上杆动作(图4-3-4)：

① 球杆握把的尾部指向目标线的延长线；② 右手手肘自然贴住身体,感觉球杆比较轻；③ 大拇指指向天空；④ 球杆不要摆至身后；⑤ 右膝保持微曲。

图4-3-3　引杆　　　　　　　　图4-3-4　上杆

### 3. 上杆到顶点

关键词——"转体"。球员可以通过以下要素来检查上杆动作(图4-3-5)：

① 基于自身身体的柔韧性和灵活性,肩膀尽量旋转90°；② 髋部最多转45°；③ 左膝指向球内侧；④ 尽量稳定下盘的同时,左脚跟可稍微向上抬起；⑤ 右膝保持弯曲；⑥ 身体重心放在右脚内侧；⑦ 左肩在下巴正下方；⑧ 右手肘自然贴住身体；⑨ 球杆指向目标线的延长线,杆身保持水平,杆头顶端指向目标线。

### 4. 下杆释放

关键词——"拉"。球员可以通过以下要素来检查下杆释放动作（图4-3-6）：

① 用力顺序应该从下至上，依次从脚—膝—跨—脊柱—肩—手发出；② 身体重心从右侧转移到左侧；③ 右膝盖内压再内旋；④ 左膝盖外翻，髋部先移后转，肩膀放平或者右肩微低；⑤ 左手臂伸直；⑥ 右手手肘贴着身体下杆释放；⑦ 球杆的握把末端指向球的方向；⑧ 头稍微向后移动并停在球后面。

图4-3-5　上杆至顶点

图4-3-6　下杆

### 5. 击球瞬间

关键词——"转动手臂和双手"。球员可以通过以下要素来检查动作（图4-3-7）：

① 双手手腕保持稳定，不往下塌；② 右手腕弯曲；③ 身体重心在左脚内侧；④ 右膝朝向目标线方向；⑤ 左手臂与球杆形成一条直线。

### 6. 送杆

关键词——"延伸"。稳定，持续的送杆动作是保证击球质量的关键因素之一，球员可以通过以下要素来检查送杆动作（图4-3-8）：

① 右手臂和杆身形成一条直线；② 头部稳定注视击球位置；③ 右肩膀在下巴下面。

图 4-3-7　击球瞬间

图 4-3-8　送杆

### 7. 收杆

关键词——"顺势收杆"。顺势收杆是全挥杆结尾标志动作,球员如果能做到每次收杆都一致,那么他的挥杆也就非常稳定。球员可以通过以下要素来检查收杆动作(图 4-3-9):

图 4-3-9　收杆

① 左手手肘大约成 90°夹角;② 杆身收于两耳连线靠下一点;③ 重心在左腿和左脚跟外侧;④ 肚脐正对目标方向;⑤ 保持平衡的位置。

## 二、球道木杆全挥杆基本技术

图 4-3-10　球道木杆准备

球道木杆的杆身长度仅次于 1 号木杆,业余球员基本配备 3 号和 5 号球道木杆就可以。使用这种球杆击球,重要的是让杆头滑过草皮平行击球,用适中的击球角度冲击球,让球能够产生由低到高的飞行弹道。

### 1. 击球准备

球员在瞄球时,双脚站位等于或略宽

于肩,可采用接近1号木杆的站位,球位于左脚后跟向右偏一个球位的位置(图4-3-10)。

### 2. 上下挥杆过程

在上挥杆时挥杆路径要相对宽大、浅平,在下杆击球时杆头底部擦地将球击出(图4-3-11)。

图4-3-11　上下挥杆过程

### 3. 击球、送杆和收杆

球员在击球时注意力要集中,头部保持稳定,在球杆通过击球点时头和胸口要在球后方,尽量保持杆头靠近地面,直到双手牵引杆头指向目标方向,然后顺势完成自然收杆动作(图4-3-12)。

图4-3-12　击球、送杆和收杆

## 三、铁杆全挥杆基本技术

铁杆是一套球杆中比较精准的器材,每支铁杆都用于打出不同距离段。铁杆杆身越短,杆面角度越大,球飞行弹道越高,击球距离就越短。本节选用初学者最常用的 7 号铁杆进行全挥杆基本技术讲解,其步骤关键词与 1 号木杆完全相同,仅部分检查要素有差别(图 4-3-13)。

图 4-3-13 铁杆连贯的挥杆分解图

## 1. 引杆

球员可以通过下面四个要素来检查 7 号铁杆的引杆动作(图 4-3-14):

① 引杆的第一步是用左手直臂平稳地将球杆推动;② 保持双膝膝盖弯曲;③ 当球杆与地面平行、杆趾指向天空时,引杆完成;④ 双手高度齐腰。

### 2. 上杆

球员可以通过下面六个要素来检查上杆动作(图 4-3-15):

① 借用杠杆作用增加力量;② 转动肩膀,双臂向上贴近身体;③ 将杆头举起,大拇指指向天空;④ 球杆握把的尾部指向目标线的延长线;⑤ 球杆不要摆至身后;⑥ 右膝微曲。

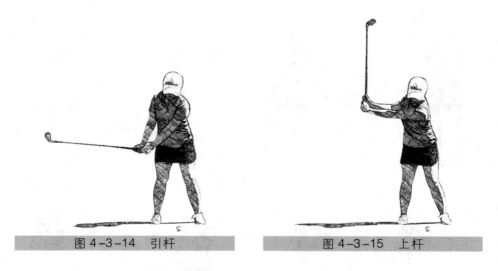

图 4-3-14 引杆    图 4-3-15 上杆

### 3. 上杆到顶点

检查要素同 1 号木杆,唯一区别(图 4-3-16):稳定下盘的同时膝盖保持弯曲不要求左脚跟向上抬起。

### 4. 下杆释放

检查要素同 1 号木杆,唯一区别(图 4-3-17):球杆的握把末端指向球的方向,杆头挥至臀部高度。

图 4-3-16　上杆至顶点　　　　　图 4-3-17　下杆释放

### 5. 击球瞬间

球员可以通过以下要素来检查动作(图 4-3-18):

① 向下击球;② 双手手腕保持稳定,不往下塌;③ 右手腕弯曲;④ 重心在左脚内侧;⑤ 右膝朝向目标线方向;⑥ 左手臂、左肩与球杆几乎形成一条直线。

### 6. 送杆、收杆

与 1 号木杆检查要素完全相同(图 4-3-19,图 4-3-20)。

图 4-3-18　击球瞬间　　　　　图 4-3-19　送杆

图 4-3-20　收杆

## 第四节　短杆基本技术

短杆技术一般是指 110yd(100.6m)以内的所有击球技术,对于顶尖球员而言,短杆击球的距离可以延长到 140yd(128.0m),属于控制性挥杆击球,目的都是让球落在果岭上更靠近球洞的位置。短杆击球基本技术主要包括切杆、劈杆及果岭边沙坑击球等基本技术。

### 一、切杆基本技术

切杆基本技术涵盖切击球与切滚球基本技术,两者都为了通过小幅度挥杆击球运动,让球从球道或果岭边缘近距离到达洞杯位置。在切击球过程中,球员下杆和送杆时将球杆保持在低位,这种挥杆动作与推击动作相似,只是动作幅度比推击动作稍大,杆头的高度始终位于膝盖以下,形成切击的球飞行弹道低,地上滚动距离比空中飞行距离稍远的特点;而切滚球的上挥杆与正常短杆的挥杆轨迹几乎相同,为了形成球飞行弹道低,且击出的球在空中飞行距离短、滚动的距离长的特点,球员需要通过压低身体重心或重心放在左侧,同时减小下挥杆动作幅度,放低送杆高度等方式来调整击球。

**1. 切杆选杆**

不同切杆选杆击出的球,高度不同,球的滚动也不同(图4-4-1)。切杆选杆可以分为以下三类:

挖起杆——包括劈起杆(P杆)和沙坑挖起杆(S杆,分不同角度,52°、56°,60°等)

短铁杆——8号或9号铁杆

中铁杆——5号、6号、7号铁杆

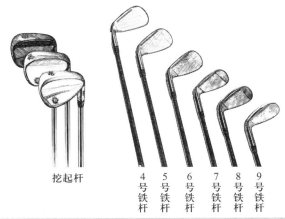

挖起杆　　4号铁杆　5号铁杆　6号铁杆　7号铁杆　8号铁杆　9号铁杆

图4-4-1　可用于切杆技术的不同球杆

球员可以根据以下几点判断选用哪支杆:

① 球和果岭边缘的距离;② 从果岭边缘到球洞的距离;③ 坡度:是上坡、平缓还是下坡;④ 草的长度;⑤ 果岭速度;⑥ 天然弹道——即使用同一支球杆,有些人天生就比其他人切球更高。

**2. 切杆的站姿**

好的站姿能让球员的短杆更靠近球洞,从而让推杆更容易。建立切杆站姿有五个步骤。

(1) 先将杆头放下:握好球杆,将杆头放置在球的后方,正对目标,调整身姿,同时保证球杆在身体前方。脚并拢,集中精力在瞄准上。

(2)脚分开:保持姿势,将脚分开,宽度窄于肩宽,让挥杆平面更陡峭,从而确保向下击球。

(3)打开脚和臀部:开放的站姿可以帮助切杆稳定在目标线上,保持腿部伸直、稍微弯曲膝盖、提臀,同时下半背部要保持平直。这一步骤需要球员将身体和球杆关联起来,先从脚开始,呈开放站姿,脚跟的方向远离目标线的方向,臀部也需如此。球员需要保证杆面的方向与目标线一致,即使脚和臀部的方向不一样。

(4)把肩膀放平:此时球员在球杆、臀部和脚都准备好的情况下,只需要将肩膀放平。这一点非常重要,能帮助球杆在切球时直上直下,稳定在正确的目标线上。注意球杆不要随意移动,保持肩膀和目标线一致。

(5)最终站姿:球位应该靠近右脚,将一部分重量放在左脚上,从而增加切杆的稳定性,保证双手在球的前方(图4-4-2)。之前介绍的对齐训练可以让球员更好地瞄准目标,非常有效。

图4-4-2　切杆站姿示范

### 3. 切杆的准备和结束动作

(1)观察果岭:球员先观察果岭,判断该如何瞄准;站在球的后方观察果岭的高低起伏,当确认想要瞄准的目标时,在球的正前方目标线上找到一点进行瞄准;确认好切杆的策略,再选择合适的球杆。

（2）在球后方握杆：握杆是击出好球的关键第一步。球员应有充分的时间握杆，同时保持专注。

（3）试挥：球员在球旁边区域试挥几杆，感受这一杆需要多大的挥杆幅度和力度。

（4）瞄准对齐：球员一定要谨记，在调整身体姿势之前要先将球杆杆面放置在球的后方，确保正对目标，这对于瞄准非常重要。

（5）身体姿势：球员在站好后不要急着挥杆，先确认自己的目标，然后再挥杆。

（6）保持结束姿势：球员完成动作挥杆、送杆后，不要急着收杆，继续保持结束姿势，直到球在果岭上停下来，这是将挥杆长度和距离关联起来的最佳方式。保持这样的习惯，能培养短切杆的手感。

### 4. 切杆的三种球位

切杆的球位大致分为三种。

球位居右：飞行距离短，滚动距离长（图4-4-3①）。

球位居中：飞行距离短，滚动距离适中（图4-4-3②）。

球位居左：飞行距离短，滚动距离短（图4-4-3③）。

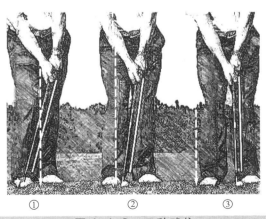

①　　　　　②　　　　　③

图4-4-3　三种球位

### 5. 切杆的技术要领

切杆技术属于短距离控制性挥杆击球技术,为了追求更精准的距离和目标方向,其技术和推杆中的稳定击球理念一致,在整个切杆过程中保持稳定性更加重要。其站姿技术要领除前面介绍的知识点外,这里再强调下面几点:

① 双手的位置比球更靠前;② 身体重心放在左脚上;③ 球位于胸骨的垂直线上(图4-4-4)。

上杆时,注意手、手臂和肩膀的协同性,三者呈三角形;同时保持下半身放松,体会髋部的转动,身体重心不能移动,需要一直保持在左脚上(图4-4-5)。

图4-4-4　切杆站姿检查　　　　图4-4-5　上杆检查

下杆时,注意节奏。髋部、手臂、肩膀和手要一起动,身体重心始终保持在左脚,同时保持左手腕平直,让到达击球点时球杆的位置不超过手的位置(图4-4-6)。

击球时,保持手、手臂和肩膀构建的三角形,手的位置会稍微超过球杆,这也是为什么要保持左手腕平直的原因(图4-4-7)。

图 4-4-6　下杆检查　　　　图 4-4-7　击球检查

收杆时,手、手臂和肩膀仍旧保持三角形,身体重心放在目标腿的一侧,手腕保持平直,身体重心不转移,但髋部要转动,保持开放的状态;收杆后,身体保持不动,看着球滚动一段时间(图 4-4-8)。

图 4-4-8　收杆检查

因为是短杆,杆头的轨迹需要在整个过程中和目标线保持一致。

### 6. 切杆的距离控制

切杆的距离控制通常在 70yd(64m)以内,控制距离的关键在于保持稳定的速度,调整挥杆的时长。在整个过程中保持稳定性至关重要。球员可以通过以下方式练习距离控制。

准备至少5颗球,将想要击打的球放在地面上,同时按照相同的间距在稍远处一颗一颗地排列好其他的球,作为距离参照物(图4-4-9)。

图4-4-9    切杆距离控制练习

(1)短切:上杆至右侧第一颗参照球处;下杆、送杆至另一侧相同间距的另一颗球处,感受摆动的幅度和节奏;通过保持两侧距离相同的方式来判断距离(图4-4-10、图4-4-11)。

图4-4-10    上杆

图4-4-11    击球

（2）长切：和短切的方式相同，这次上杆到身体右侧的第二颗参照球处，下杆、送杆至另一侧相同间距的另一颗球处，感受摆动的幅度和节奏；在上杆和送杆时要保持同样的速度（图4-4-12、图4-4-13）。

图4-4-12　上杆　　　　　　　图4-4-13　击球

注意每次挥杆时长对距离的影响，这是稳定地控制距离最好的方式。在这一基础上，多加练习即可。

**切杆技术关键要点**

（1）将球杆向下握短一些，为了更好地控制球杆；

（2）采用开放站姿，为了防止臀部在击球时发生转动或者摆动，使挥杆变得更陡立；

（3）球位靠近右脚，可以让杆头触球更加干净；

（4）尽可能地向目标倾斜，这样可以让杆面关闭，帮助球尽可能地旋转（身体重心在左脚）；

（5）按技术要领击球。

## 二、劈杆基本技术

同切杆击球一样，劈杆击球属于短打的一种，也是高尔夫球运动中在攻果岭击球时常用的技术。当必须将球打过距果岭较远距离或者要飞跃障碍（长草或者沙坑），甚至是果岭边一棵小树时，球员就需要用劈杆技术（图4-4-14）。因为它能让球飞得更高，球落上果岭后的滚动距离也较短。

图4-4-14　劈杆示范

### 1. 劈杆选杆

劈杆击球的挥杆幅度因球飞行距离的不同而不同，球杆的选择也不尽相同，它取决于球包里特殊铁杆的数量。用于劈杆击球的球杆包括劈起杆、沙坑杆或任何一种高角度杆。高角度杆有更大的杆面倾角，因而能让球飞得更高，着陆更软。

### 2. 劈杆的准备动作

上身自髋部前倾，背部和头顶部呈一条直线；将目标侧脚后移，与另一侧脚后跟平齐，形成更加开放的站位；双脚分开约1英尺（0.3m），双腿略微弯曲。注意，屈膝过深会造成身体重心转移不畅。身体重心应均匀分配在双腿上；球位应该居于两脚之中或略微偏向目标侧脚，如果需要球迅速飞起来越过障碍物，球员就可以让球位更靠近目标侧脚。

### 3. 劈杆的基本挥杆

劈杆击球技术包括上杆和下杆两个部分。上杆主要通过调整挥杆幅度来控制击球的距离,按照挥杆幅度将劈杆击球可以分为大、中、小劈杆技术。球员在上杆时,左手臂指向 8 点方向属于小劈杆技术,指向 9—10 点方向为中劈杆技术,指向 10 点以上时属于大劈杆技术。在打长距离球使用劈杆击球技术时,身体重心转移到右脚的内侧;而打短距离球使用劈杆击球技术(距离果岭少于 60yd,即 54.9m)时,身体大部分重心可保留在左侧脚上。球员在下杆时,向目标转动髋部启动下杆动作,同时将身体重心移向左脚。因为球离目标较远,所以需要有更快的杆头速度,以打出更远的距离。靠下肢发力能让挥杆变得更快,就像人们在投掷时,手臂的后挥就是将能量蓄积在后脚上,然后随着身体重心移到前脚,就能以更大的速度前挥手臂。同样的道理,球员在劈杆击球上杆时能蓄积能量,下杆前挥时朝着目标能释放能量。球员在向目标转体时应保持头部相对静止,虽然击球后头部会抬起看击出的球,但在触球之前头的位置应保持稳定。

### 4. 劈杆练习步骤

劈杆练习步骤和切杆相似。球员采用对齐练习方式,注意目标线和身体线,首先建立目标线,其次才是身体线,将杆放置于球的后方,瞄准目标。注意此时的目标不一定是旗杆或球洞,根据果岭的坡度,瞄准的位置需要做微调整。随后分开双脚,与肩同宽,这将有助于保持身体平衡。劈杆时,脚分开的宽度和全挥杆不同,杆离开地面的速度要快一些。保持右脚脚趾与目标线垂直,左脚脚趾可以和目标线有一定角度。随后打开脚和髋部,从髋部开始弯曲向前倾,保持肩部平直。

### 5. 劈杆技术要领

整体上,劈杆击球的挥杆幅度比切杆击球的幅度要大,球员一般在果岭边使用切杆击球技术较多,而在距离果岭较远或者要飞跃障碍(长草或者沙坑)时,球员就需要用劈杆击球技术。切杆击球是一个"推杆"风格的击球,

用稳固的手腕力量打出一个较低的轨迹,而劈杆击球是通过立腕,打出一个高的轨迹。劈杆击球技术要领如下:

① 球位靠近右脚;② 身体重心朝球洞倾斜(重心在左脚);③ 上杆和送杆幅度高于膝盖;④ 上杆时立腕;⑤ 送杆时杆面朝上,适当立腕。

### 三、果岭边沙坑击球基本技术

沙坑击球主要包含果岭边沙坑击球和球道沙坑击球,沙坑有大有小,有深有浅,沙质也有粗细、干湿之分。高尔夫球随时有掉进沙坑的可能,这要求青少年高尔夫球员一定要掌握好打沙坑球的基本功。本节主要介绍果岭边沙坑击球基本技术。

#### 1. 果岭边沙坑击球选杆

在沙坑中还需要选择球杆吗?这听起来很奇怪,直接用沙坑杆不就行了?但是,在沙坑障碍中,球员确实会面临选杆的问题。球员需要综合考虑沙的干湿度、坚硬度和深度,来判断击球的距离和飞行弹道。了解用哪支杆效率更高,可以帮助球员击球更靠近球洞,从而降低杆数。击果岭边的沙坑球可选用沙坑杆、劈起杆或 9 号铁杆等。其中沙坑杆是专为击沙坑球而设计的,有两种类型,一种是宽底沙杆,另一种是窄底沙杆。其共同特点:球杆的底缘比一般的铁杆都要宽,都有一定角度的反弹角,以便于削进沙子但又不会削得太深。其中,窄底沙杆削进沙下的力量较大,击球准确度也较高,特别适宜在沙质较坚硬、较湿润和沙子较浅的沙坑内使用;宽底沙杆的杆面较斜,杆头角大,反弹角度大,能很快地把球从沙坑中击起,比较容易使用,它在深一些的沙坑和沙质呈粉末状的沙坑中的作用比较大。此外,球员在沙坑中击球有时也用到其他球杆,例如,在较潮湿或沙质较硬的沙坑中打那种半埋半露的球时,可用 9 号铁杆或劈起杆。如果沙坑离果岭较远、球落在沙地表面、沙坑与地面距离相差不大,则球员可以选用任何一种铁杆,甚至是号码较小的木杆,就像在球道上击球一样(图4-4-15)。

图 4-4-15　不同反弹角的沙坑球选杆

**2. 果岭边沙坑击球握杆、站姿与瞄球**

（1）沙坑击球的握杆要比普通铁杆的握杆更靠上一些,保证顺利完成高位顺势挥杆动作,而且在击打沙面时挥杆过程不会中止,左手的小指和无名指握紧一些,以保证球杆在遇到沙子的阻力时不会停下来。在击球时球杆的握把指向皮带扣以下,手的位置稍稍靠前。

（2）采用平行开脚位站立姿势,两脚尖连线与目标线约成30°角,让球杆杆面正对击球目标。在瞄准球之前球员要左右扭动双脚,使脚底埋进沙里,保持身体平衡。球员脚位低了,握杆也要往下移约2.5cm,使双手能更接近球。球的位置要在两脚中心靠左,身体重心偏向左脚。根据球距旗杆的距离,球员决定球距右脚的距离:一方面,向外打开的杆头可加大倾角,能将球托起;另一方面,向外打开的杆头较容易滑进沙里,并且可轻易滑出,有利于完成挥杆击球动作。

（3）瞄球点是球后2cm左右的沙子。球员的双脚、双膝、臀部和肩膀皆朝向目标的左方,这样的姿势有助于球员用垂直度大的上杆和下杆动作击球。

**3. 果岭边沙坑击球的准备动作**

果岭边沙坑击球的准备动作如下(图4-4-16)。

（1）将球杆悬停在沙上方:在沙坑外时采用全挥杆握杆姿势,站好,脚并拢,将球杆悬停在沙面上方,瞄准目标,此时球位于两脚脚趾之间。

（2）脚分开,脚紧抓地面:仍旧保持球杆悬停在沙面上方,双脚分开,紧抓地面,增加稳定性和平衡性,同时将身体放低、球杆放低,让球偏左脚方向,这将更有助于在击中球前先击中沙。

（3）方正瞄球,建立平衡:将脚、髋部、肩膀所在平面与目标线平行,膝盖弯曲,脚向下用力,保持提臀且背部打直,这将帮助建立平衡,并可以避免运动损伤。

（4）身体重心、手的位置:身体重心朝左脚转移,将重量稍稍往前移,能帮助击出陡峭的球,球位稍靠前,手会稍稍地位于球的后方,这是打沙坑球比较好的姿势。

图 4-4-16　沙坑击球准备

#### 4. 果岭边沙坑击球技术要领

果岭边沙坑击球技术要领如下:

① 不管目标是什么,先瞄准,再调整身体和脚的位置。站直,将身体和脚所在平面与目标线平行。② 肩膀平直:在完成准备姿势后,要保持肩部平直,能让球杆直上直下,保持在正确的路径上。③ 要根据球距旗杆的距离,决定上杆的幅度。④ 在下杆时以左臂为前导,用杆头击球杆后 1～2cm 的沙子。⑤ 顺势将球击出,在击出球后,继续向前送杆,不要急于翻腕收杆。⑥ 练习路线:在练习沙坑击球时,在球与目标之间画一条目标线,多次反复练习（图 4-4-17）。

图 4-4-17　果岭边沙坑击球

# 第五节　推杆基本技术

　　青少年高尔夫球初学者,可以先从推杆学习入手。推杆是每个洞的结束环节,对于大多数的高尔夫球员来说,推杆占一轮比赛总杆数的 50% 左右。推杆技术是高尔夫球运动中动作幅度最小、可控性最强,也最容易掌握的技术,但是,阅读果岭以及对果岭速度和拐点的判读需要日积月累的经验才能掌握。推杆往往是决定比赛胜利与否的关键,这项技术对于高尔夫球员的技术稳定性和果岭上的适应能力要求极高。球员只有通过对不同果岭的观察,将路线和球速紧密联系起来,才能把控整个推杆过程。

## 一、推杆的准备动作

### 1. 握杆步骤

　　前面我们讲解过其他球杆的握杆方法,推杆的握杆方法与其他球杆有较大的区别,而且千奇百怪,选择最舒适的握杆方法有助于提高推杆表现。

　　在推杆的握杆方法中反向重叠式握杆方法最为常见,下面以右手球员为例学习这种握杆方法的五个步骤(图4-5-1),左手球员则左右相反:

　　步骤1:将两只手掌正对,这样做能更好地保持推杆笔直,且更稳定地掌控推杆。

　　步骤2:将手分开,右手向杆头方向移动,仍旧保持两只手掌正对;在这一过程中杆身和杆头不要转动,杆头转动,将导致瞄准方向偏离球洞。

　　步骤3:将左手向下握住球杆,大拇指对准杆身正中,握把处于掌心。

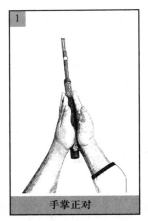
手掌正对

右手前移

左手握杆

右手握杆

握杆双手衔接、检查

图4-5-1　推杆反向重叠式握杆步骤

步骤4:右手保持手掌对准左手手掌,右手大拇指和左手大拇指一样,对准杆身正中,两个大拇指平行放在握把上面,左手食指伸出搭在右手手指上。这时推杆握杆完成。

步骤5:检查一遍,看看左手食指和右手小拇指的关系,不要过度交叉,这会影响左手的稳定性。

### 2．站姿

（1）平行式站姿:这是最常见的推杆身体姿势,脚趾、膝盖、臀部和肩膀的连线都和目标线平行,同时杆面方正且和目标线垂直(图4-5-2)。

（2）开放式站姿:即左脚尖稍退后而右脚尖在线上的站立姿势,尽管臀部、脚和膝盖的连线不和目标线平行,但是肩膀始终保持与目标线平行。如果肩膀是开放的,那么送杆角度将朝向目标线的左侧而非正对。一些知名的球员,如杰克·尼克劳斯喜欢采用开放式站姿(图4-5-3)。

（3）闭合式站姿:即右脚尖稍退后而左脚尖在线上的站姿,脚趾、臀部和膝盖的连线在身体前侧,与目标线形成夹角,肩膀始终保持与目标线平行,同时杆面方正且和目标线垂直(图4-5-4)。

图4-5-2　平行式站姿

图4-5-3　开放式站姿

图 4-5-4　闭合式站姿

　　球员无论选择怎样的站姿,都一定要保持肩膀与目标线平行,否则将极大地影响推杆的准确度。

　　**3. 瞄球**

　　球员先瞄准目标,根据目标调整身体姿势,才能让球向着目标线滚动。推杆是打球中最考验准确度的部分,瞄准的是 4.25 英寸(10.8cm)的洞杯。推杆对成绩的影响显著,在这一过程中,持续稳定的身体位置至关重要。青少年球员们可以通过对齐练习反复练习瞄准,找到目标线,将杆面方向对准目标,保持肩膀与目标线平行。

　　**4. 调整**

　　握好杆,将杆头放在球的后方,先瞄准杆头方向。最开始别担心脚和身体的姿势,在调整好杆的位置之后,可以顺其自然地协调站姿和身体形态的关系。

　　## 二、推杆技术要领

　　了解推杆的技术要领,能让推杆学习更简单。在整个推杆过程中,球员主要通过推杆的幅度控制距离,且推杆大部分时候是紧贴地面的。这里有几个推杆学习的要领。

### 1. 准备动作

在推杆过程中准备动作至关重要。其核心是在整个推杆过程中,手臂和肩膀形成并始终保持呈稳定的形态,如三角形或五角形(图4-5-5)。

### 2. 上杆

用手臂力量顺着目标线的后方延长线移动推杆,要使用包括手腕和肩部整个手臂的力量,以此让击球更加稳定。手臂和肩膀保持稳定的形态,如三角形或五角形;下半身要保持稳定,避免移动臀部、膝盖和脚。同时,头部也应该固定,眼睛盯着球而非球杆。如图4-5-6所示的三角形姿势推杆。

图4-5-5  推杆准备

图4-5-6  上杆

### 3. 后摆杆和击球

当后摆杆到一定程度时,用上臂的力量将推杆以钟摆摆动形式击向球。手臂和肩膀仍旧保持稳定的形态,如三角形或五角形;下半身和头部保持不动。左臂、手腕和手需要呈平直的一条线,这是保持击球时刻稳定性的法宝。如图4-5-7所示的三角形姿势推杆。

### 4. 送杆

送杆和上杆动作一致,只是位于身体另一侧。保证手臂和肩膀呈稳定的形态,如三角形或五角形;下半身不动。头部在推球时保持低下,左手腕保持平直。在推杆的整个环节,球员都要注视着球。如图4-5-8所示的三角形姿势推杆。

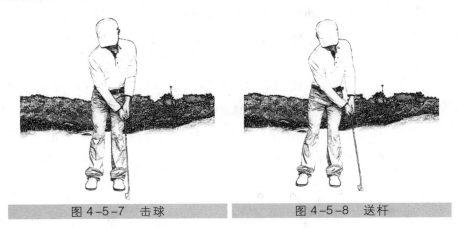

| 图4-5-7　击球 | 图4-5-8　送杆 |

### 5. 距离控制训练

拿出5颗球,像图4-5-9那样排列好。中间那颗球是需要推的球,其他球按相同距离排列在那颗球前两旁,这将更直观地帮助球员保持在上杆和送杆时摆动距离一致。

(1)短距离推杆:注意此时只是手臂前后摆动,将杆头上杆到左侧第一颗球的位置,然后摆动送杆相同的距离至另一侧的第一颗球(图4-5-10)。

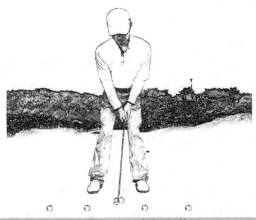

图4-5-9　距离控制练习

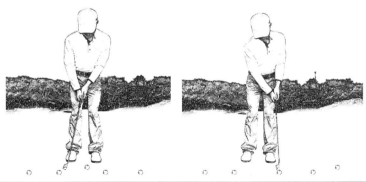

图 4-5-10　短距离推杆练习

（2）长距离推杆：杆头上杆到左侧第一、二球之间，保持上杆和送杆的速度一致，球将会滚得更快，更远。在送杆时保持速度不变，思考在长距离推杆时，球滚动有多远（图 4-5-11）。

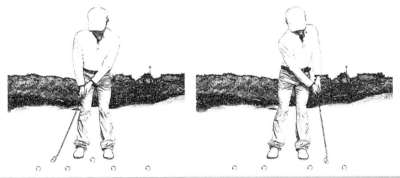

图 4-5-11　长距离推杆练习

# 第五章　高尔夫球运动实战技术

世界上没有两个完全相同的球场,也没有两个完全相同的球道。高尔夫球场的气候、自然环境和地理条件有差异,所使用的草种、场地的构成、障碍的设置等也各不相同,球员需要熟悉场地和本地规则,合理利用自然条件,正确评估自己的技术,才能取得更好的成绩。熟悉的球场尽量避免失误,不熟悉的球场第一次打就想要好的成绩,必须要做一些功课,很多人喜欢在博客或微信朋友圈晒打球攻略,这些都是很好的借鉴,结合自己的情况,参考他人的经验,打球前就制定球场策略,会让青少年球员迅速提高成绩。

总之,不打无准备之仗,最好的准备就是练好基本功,下面介绍基本的实战技术。

## 第一节　开球区实战技术

### 一、开球区介绍

发球台是每个球洞的起点,大部分是方形,也有的是圆形。发球台一般是平坦的,不设起伏的,草皮也修剪较平,发球台内设有两发球标志(Tee Marker),开球时球位不得超过两 Tee Marker 连线,根据 Tee Marker 颜色不同,发球分为金 Tee、黑 Tee、蓝 Tee、白 Tee 和红 Tee。发球台上通常还设有:球道标志牌、烟灰缸、垃圾桶、便携式洗球装置等。

### 二、选取开球区

开球时,从 Tee Marker 前端向后两杆范围内形成的矩形区域中,选取一块地势平坦、草坪良好的位置进行开球。这是良好开球的前提,如图 5-1-1。

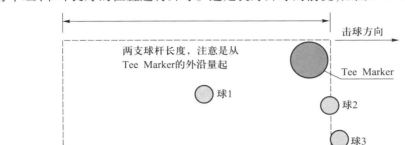

注:虚线内范围即为发球区的范围,图中的球1、2、3都属于发球区内,球4属于发球区外。球完全在Tee Marker外沿之外（例如球4的位置或虚线外的任何位置）才可视为超出发球区范围。

图 5-1-1　开球区范围

## 三、开球架球

高尔夫球 Tee,叫球座,也叫球托。球座是用来将球架离地面的一种装置,不长于 4 英寸(10.16cm)。长球座适用于 1 号木杆,短球座适用于球道木杆或铁杆。如图 5-1-2。

在每一个洞开球时才允许架球,调整球座的高低看似简单,却是打好球的关键。球杆的杆头构造、杆面大小不同,架球高低也不一样(图 5-1-3)。有风的天气可根据风向调整架球高低,使自己能够打出想要的弹道和距离。

图 5-1-2　被 Tee 架起的球

图 5-1-3　各种各样的球座

### 1. 1号木杆架球

1号木杆开球时,球座将球架高,球的1/2～3/4在杆的上方;逆风时可将球架得更低,顺风时将球架得更高,以打出更低或更高的弹道,获得想要的距离(图5-1-4)。

图5-1-4　1号木杆击球瞬间

### 2. 球道木杆架球

球道木架球介于1号木木杆和铁杆高度之间,将球的一半高出杆头顶端,留出更多杆面部位去击球。把球正确架好后,不受球托的干扰下,把球利索地扫击出去(图5-1-5)。

图5-1-5　球道木杆击球瞬间

### 3. 铁杆架球

把球托尽可能架低,让它几乎与草皮齐平,球与杆面中心点成一条直线(图5-1-6),将球击出。

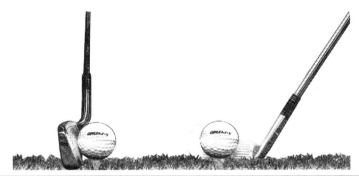

图 5-1-6　铁杆击球瞬间

## 四、开球攻略

在发球台上,无论是业余球员还是职业球员,尤其在第一洞发球台时,都不免紧张。为了提高上球道命中率,保证开球成功率,球员需要在每洞制定良好的开球策略。

### 1. 信息收集,正确选择需要的信息

站在发球台上,找出影响距离与弹道的因素,如目标点距离、高度差、风速、空气湿度及主要障碍位置等,作为决定击球选项的参考。

### 2. 开球准备,决定进攻路线与落地

了解球位状况与目标区的状况后,需要选择将球送到目标的方式,包括球杆选择、瞄准目标、想象球路以及试挥杆,注意观察,要避开危险,谋划好攻球路线。重点在想象构思上,想象球会以什么样的弹道飞行,如何落在目标区,落地后如何运动等,做试挥杆时,心中同样想着要如何挥杆,才能打出心目中想要的球路,试挥杆一两次就可以了。这阶段需要站在球位的后方做出正确的判断与分析,完成选择过程。

### 3. 做好瞄准对齐与果断击球

从球位后方走向球旁边,建立正确的瞄准体系,要特别注意视角改变时目标区相对位置的改变。一旦建立起正确的瞄准体系就进行击球准备

（图 5－1－7），踏进执行区，不要犹豫，按照预定的进攻路线果断击球（图 5－1－8）。

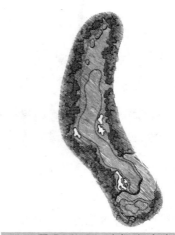

图 5－1－7　选择击球落点　　　　　　图 5－1－8　选择击球路线

## 五、开球区的安全

### 1. 发球安全

当球员发球时要确认前组球员均已走出射程外，以免误伤。其他球员发球时，要注意不要随意走入其开球区及射程之内，妨碍他人击球，最好站在准备发球球员的后方 45°范围，3 米以外。若有人站在可能被你击球击中之范围时，请大喊"看球"，提醒其他球员注意安全。

### 2. 试挥安全

在试挥时要设定一个目标，为了爱护草坪，在试挥期间球杆杆头尽量不要打到草，而且试挥时不要对着人，以免失误打起的草皮或球杆脱手而打到别人，要在安全范围内试挥。

# 第二节　球道区实战技术

## 一、球道区介绍

球道区通道是指球场内除正在打球之洞的开球区、球洞区以及球场内所有障碍区之外的区域。

## 二、球道区策略

在球道上,要选择正确的球杆来打球,注意要避开危险,给下一杆创造更佳的球位(图5-2-1)。在每一杆击球前需要考虑以下几点:

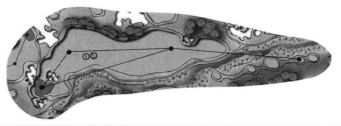

图 5-2-1　球道区策略选择

① 避开罚杆区和沙坑;② 风向;③ 球位;④ 下一杆攻果岭球员最擅长的距离;⑤ 果岭附近的地形;⑥ 旗杆的位置。

每次击球都要考虑下一杆击球时的状况,尽量把球打到最佳位置,这样下一杆处理起来就会更加轻松。

## 三、球道区球道木杆、铁杆实战技术的主要区别

### 1. 站姿、站位、球位、挥杆平面不同

球道木杆、铁杆击球在站姿、站位和球位方面均有不同,第四章已进行了系统的分析,可加以比较。

铁杆正确站姿:脊柱基本呈中立状态,杆身长度比球道木短,挥杆平面相对陡立,而球道木杆杆身略长,为了保持良好的下挥杆空间,球位会靠前,手的位置处于前伸状态,因此整体挥杆平面浅平。

**2. 击球理念不同**

球道木杆挥杆平面浅平,杆头底部面积大,杆面中心度位置低,为了击中甜蜜点,需要击球瞬间保持平顺的击球通道,因此采用平行击球理念。而铁杆挥杆平面相对陡立,杆面中心度位置略高,需要采用向下击球理念才能扎实击球。

## 四、球道区特殊球位

### 1. 上坡球位

在不平地势中,上坡球比较容易,因为上坡有助于球的起飞。站位时要确保双肩与地面坡度平行,挥杆平面尽量浅平,如图 5-2-2。打出的球会飞得高一点,距离短一点,而且容易造成左曲球。在选杆时要做出相应调整,通常杆要加大至少 1 号。

图 5-2-2　上坡球位击球

### 2. 下坡球位

下坡球要比上坡球难打。因为杆面的有效倾角被减少,而且还容易打渲。站位时要让双肩与坡度平行,挥杆动作也要顺着坡度,如图5-2-3。杆面倾角的减小会使得球飞得低而滚得远,而且容易产生右曲球,在选杆时要考虑这些因素。

图5-2-3 下坡球位击球

### 3. 球低脚高球位

球低脚高球是地势不平球位中比较难打的球位,主要原因是在挥杆中很难保持身体的姿态和平衡。站位时身体要更多的向前倾一些,在挥杆中必须保持膝盖的弯度,握杆尽量握在杆的末端,充分利用杆的长度,如图5-2-4。由于击球角度会更加的陡立,球的飞行轨迹容易向右弯曲,因此在瞄准的时候要向左适当调整。

图5-2-4 球低脚高球位

### 4. 球高脚低球位

球高脚低球与球低脚高球的技术要点基本相反。站位时,握杆要向下握短一点,身体站立得直一点,如图 5-2-5。由于击球角度比较浅平,球的飞行轨迹容易向左弯曲,因此在瞄准的时候要向右适当调整。

图 5-2-5　球高脚低球位

### 5. 长草区球位

长草区的草与球道的草相比要长很多,所以球进入长草区后,首先应该考虑如何使球"脱困",稍长的草和糟糕的球位都会影响杆和球的接触,并因此减少球的倒旋,也影响对球的控制,如图 5-2-6。

首先要选择正确的球杆,需要有足够大倾角的球杆将球打出来。与正常挥杆相比,打长草区球时,挥杆要更加陡一些,更加陡的挥杆触球更干净,而且挥杆速度更快,因为在长草中击球,往往球杆会先接触草,而长草会很大程度减慢杆头速度,所以长草救球脱困需要一个强有力的挥杆,如图 5-2-7。

如果球况糟糕,根本无法将球打出合适位置,此时应考虑宣布为"不可打之球",接受 1 杆处罚,然后按规则抛球。

图 5-2-6　长草区击球站位

图 5-2-7　长草区球位

### 6. 硬地面和软（湿）地面的击球

由于每个球场的地质都不一样，而且受降雨的影响，地面的软硬程度也不一样。球员可以利用规则，选择不同的球杆和挥杆轨迹来应对不同的场地。

（1）硬地面击球：在较硬地面上击球时，要求击球非常精准，这就需要挥杆轨迹更加陡立。职业球员更喜欢在这种场地进行比赛。在这种地面击球时，可以选择半刀背或刀背反弹角较小的杆头击球，以避免在击球后球杆受到地面更多的阻力，将球干净地击出。

（2）软（湿）地面击球：在较软（湿）的地面击球时，应该避免球杆陷入地面，这时就需要挥杆轨迹变得浅平。同时，应该选择凹背反弹角较大的球杆，利用反弹角的作用，帮助球杆顺利通过地面，避免陷入地面。

### 7. 高抛球

高抛球采用开放式站姿，杆面依据需要球飞行弹道的高低而适当打开，两脚距离比切击球时宽，双肩连线与目标线平行，双脚平均用力，球位位于中间偏左（图 5-2-8）。下杆时双腿启动，保持右手肘靠近身体，想象右手由下往上抛出球的动作来感觉下杆正确动作。击球瞬间保持开杆面击球，杆面朝上送杆随挥完成收杆。

图 5-2-8　高抛球击球准备

### 8. 高吊球

　　高吊球是一种非常冒险的击球方式,一般在没有更好选择的情况下才使用,通常在球道脱困和果岭区需要形成高弹道急停的情况下才使用。在打高吊球时,球杆杆面要向外打开 30°左右,使杆面能够充分打开,同时采用开放式站姿,在上杆过程中,双臂要根据双脚连线的方向做上杆挥杆动作,立腕动作要早,成 L 形,顶点的高度与双肩平行(图 5-2-9)。其特点是杆面

图 5-2-9　高吊球击球准备

打开,需要更大的挥杆幅度,大幅度的挥杆和手腕动作能提高杆头击球速度并增加击打力量。在下挥杆时同样要按照开放站位方向加速击球,增加手腕释放速度,这样击出的弹道才会变得更高,球落地后滚动距离才会更短。

# 第三节　沙坑和罚杆区实战技术

## 一、罚杆区介绍

罚杆区指球场上所有的含水区域(包括海、湖、池塘、河等),以及任何(比赛/活动)组委会定义的区域。

## 二、沙坑球

### 1. 陷埋球(荷包蛋)打法

当球在沙坑陷下去时,打出去的球就很难停住,此时需要将杆面稍稍关闭一些。这样有利于杆头从球后挖进沙内,减少沙对球杆的阻力,而不是从球下滑过去。站位稍开放,重心在左侧,打这种球时几乎没有收杆动作,如图5-3-1。

图5-3-1　陷埋球打法

### 2. 上坡球打法

站位时左脚高于右脚,把双脚多踩进沙里一点,以提供稳定站位,同时让双肩与坡势平行,不需要打开杆面,要顺着坡度挥杆,不必有平常收杆动作,如图 5-3-2。

图 5-3-2　上坡球打法

### 3. 下坡球打法

　　站位时要让前脚踩入沙里多一点,站位略宽一点,双肩与坡势平行,将球位稍向后移,确保杆面加速从球下滑过。在击球过程中要保持双膝弯曲,以免身体抬起打薄或打不到球,如图 5-3-3。

图 5-3-3　下坡球打法

### 4. 球道沙坑球打法

球道沙坑击球与果岭边沙坑击球有很大的区别。如图 5-3-4,球道沙坑击球要点包括:

① 在球道沙坑里击球时,首先要考虑到球道沙坑沿的高度,所选择的球杆起飞角度是否足够;② 站位与正常击球相似,下盘要求更稳定,在沙中踩出脚印,双脚可以稍微打开,收杆时也尽量保持身体的稳定与平衡,不要过早起身;③ 球位在双脚中间;④ 挥杆要更陡立;⑤ 击球要干净,杆头先接触球,打薄比打厚要好;⑥ 杆可以选大 1 号,握短 2~3cm(陡立的挥杆,加上干净的触球,会使球上果岭之后出现急停甚至是强烈的倒旋,所以一定要打出足够的距离)。

图 5-3-4　球道间的沙坑球

## 三、罚杆区击球

在罚杆区(图 5-3-5)击球需要注意:判断球位是否能打,能打则打(图 5-3-6);如果不能打尽量充分利用规则创造好的击球环境。具体可依据图 5-3-7 中各标示桩所标示的属区性质来制定击球策略。

图5-3-5    水面罚杆区

图5-3-6    水面罚杆击球

（1）白桩:OB桩,桩之间的连线为界限,线内侧为界,球整体越过线的内测即为出界,球员可以站在界外打位于界内的球。

（2）蓝桩:整修地,是按照委员会的指令标示为整修地或由其授权的代表宣布为整修地的任何球场部分。在整修地内的球可以在最近补救点一支

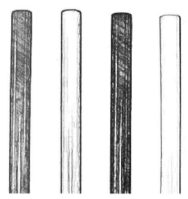

图 5-3-7　标示桩

球杆范围内且不较该点更靠近球洞的地方抛这个球,不受处罚。

（3）黄桩:黄色罚杆区,球进入黄色罚杆区,可以在现有位置打球,也可以被罚 1 杆后按照下列程序之一处理:① 在球员上一杆打球的地点再打一个球;② 在球洞与最后入水点连线的后方延长线上选取一个参考点,并在参考点远离球洞侧一杆范围内抛球。

（4）红桩:红色罚杆区,球进入了红色罚杆区,除了可以选择上述黄色罚杆区的处理方式外,球员还可以被罚 1 杆后在球最后进入罚球区界线的点的两支球杆范围内且不更靠近球洞的地方抛一个球。

# 第四节　果岭区实战短打技术

## 一、果岭区切滚球策略

切滚球的目的是使球尽快落在果岭上,并让球像推杆一样在果岭上滚动,靠近旗杆。

（1）旗杆离果岭较近时：球没有太多的飞行距离，上果岭后，球有更多的滚动空间，如图5-4-1。

图5-4-1　距离较近的切滚球

（2）旗杆离果岭较远时：球有足够的飞行距离和空间，需要更大的杆面倾角。尝试使用劈起杆或者沙坑杆，让球飞得更高，如图5-4-2。

图5-4-2　距离较远的切滚球

（3）果岭上滚动空间不够：飞行距离越短，需要的杆面倾角越大，让球飞得更高，落地时更轻，滚动较少，如图5-4-3。

（4）果岭上滚动距离足够：距离越长，需要的杆面倾角越小，球上果岭后需要保持足够的滚动速度靠近旗杆，如图5-4-4。

图5-4-3　当果岭上滚动距离不够时　　图5-4-4　当果岭上滚动距离足够时

（5）上坡：使用杆面倾角小的球杆，如 P 杆或 9 号铁杆等，球落地时的角度会更低一些，从而保持速度，顺利滚上坡，如图5-4-5。

图5-4-5　上坡切滚球

（6）下坡：需要较大的杆面倾角，从而保证球更轻更稳地落在果岭上，向下缓慢地滚向球洞，图5-4-6。

图5-4-6　下坡切滚球

（7）球在长草区里：需要杆面倾角更大的球杆，上杆时需要一定的立腕动作，获得更多的下挥杆空间，以击中球的底部，更大可能将球从长草中高高击出，如图5-4-7。建议选择大角度挖起杆。

图5-4-7　球在长草区里

## 二、果岭区劈起杆策略

与切滚球相比，劈起球更为复杂一些，因为被击出去的球要在空中飞行一段距离落地后，又滚动一段距离在球洞附近停下。打果岭区劈起球要注意以下几点。

（1）观察：观察坡度和环境，如图5-4-8。

图5-4-8　观察坡度和环境

（2）评估和判断：从球的后方观察草坪的状况和球所处的线，选择落点，找到自己的期望路线。

（3）试挥：在球的一侧进行试挥，预演实际击球的挥杆感觉。

（4）挥杆：挥杆时不要迟疑，迟疑将制造紧张，不利于球员的发挥。

（5）保持结束姿势：保持结束姿势直到球停止滚动，如图5-4-9。这样可以帮助球员找到更好挥杆的节奏，建立良好的身体平衡，更快地建立"肌肉记忆"，大脑和身体的配合度越高，在果岭周边的发挥越好。

图5-4-9　保持结束姿势

## 三、果岭区推杆技术策略

传奇高尔夫球教练哈维·彭尼克（Harvey Penick）有句名言：一个高水平的推杆球员可以和任何对手比赛，而一个糟糕的推杆球员无法和任何对手竞争。他的另一句名言是"开球为作秀，推杆为赢球"。由此可见推杆的重要性。成功的推杆会经历六个例行动作。

（1）提前观察果岭：从果岭外查看果岭是否有坡度，朝哪边倾斜？果岭是干的还是湿的？是顺草还是逆草？这会让球员更好地判断果岭速度(图5-4-10)。

（2）马克球：用高尔夫马克(Ball mark)标示球位，然后拿起球擦拭。

图5-4-10　查看果岭

（3）看线：走到洞后仔细观察坡度大小、推击线路的整体走向，最后观察洞口附近的线，确定拐点(图5-4-11)。

图5-4-11　看线

（4）确定目标线：走到高尔夫马克后，确定整体的目标线，将球上的瞄准线对齐看准的击球目标线，将球放回原位，撤回马克。

（5）试推杆：将球放回果岭上后，站在球的后方试推几下，判断推球力度和挥杆幅度与距离的关系，以此控制击球距离。

（6）准备推球：将杆头放置在球后方，杆头和球上的瞄准线对齐，做好推杆前准备动作，再看一眼目标，最后果断直接推球。

## 第一节　伸展热身性训练

伸展热身性训练是高尔夫专项训练的一部分,用于运动前身体的舒展及运动后活动放松拉伸。良好的伸展热身性训练习惯,有利于青少年完成挥杆,在有效防止运动损伤的同时提升运动水平,有助于提高肌肉的柔韧性,提高关节的运动幅度,有助于技术动作的发挥,以及肌肉在运动后消除、疲劳尽快恢复。

进行伸展热身性训练时要注意以下事项:

(1)所有拉伸动作不宜过快或用力过猛,否则容易损伤肌肉和韧带,务必要注意!按照正确动作要求,拉伸目标肌肉保持适度酸痛感即可,感受肌肉被拉伸的感觉,即可达到热身训练效果。

(2)所有拉伸动作均要求保持挺胸收腹。

(3)高尔夫课程将会经历挥杆等一连串的具有一定强度的动作,良好的课前热身和课后放松很重要,这会决定所有挥杆动作及成绩表现,甚至可以避免一些运动伤病。

### 一、颈部拉伸

训练方式:静态拉伸。

动作 1 要领:右手扶住头的左侧(图 6-1-1),利用右手力量慢慢向右倾斜(图 6-1-2),感受左侧颈部拉伸感,动作持续 5 ~ 10 秒;还原头部至中立位置。换左右重复动作。

图 6-1-1　颈部牵拉

图 6-1-2　侧面颈部牵拉

动作 2 要领:双手交叉抱于脑后(图 6-1-3),利用双手的力量将头轻轻往下压,眼睛看腹部位置(图 6-1-4),感受颈部拉伸感,动作持续 5~10 秒。

图 6-1-3　颈部牵拉

图 6-1-4　后侧颈部牵拉

## 二、肱三头肌拉伸

训练方式:静态拉伸。

动作要领:双手交叉抱于脑后(图 6-1-5),左手肘往下拉(图 6-1-6),感受右手臂肱三头肌拉伸感;换左右重复相同动作。两侧动作均持续 5~10 秒。

图 6-1-5　肱三头肌拉伸

图 6-1-6　肱三头肌拉伸

### 三、手腕拉伸

训练方式:静态拉伸。

动作 1 要领:一只手握住另一侧手,使被握住的手做手腕屈伸动作,拉伸被握手臂后侧肌肉,动作维持 5 ~ 10 秒(图 6-1-7)。换手重复此动作。

动作 2 要领:一只手握住另一侧手掌,手心朝外,使被握住的手掌做手腕屈伸动作,拉伸被握手臂前侧肌肉,动作维持 5 ~ 10 秒(图 6-1-8)。换手重复此动作。

图 6-1-7　手腕拉伸

图 6-1-8　手腕拉伸

### 四、肩部拉伸

训练方式:静态拉伸。

动作 1 要领:一只手屈肘扣住另一只手的手臂,屈肘往同侧拉伸另一只手臂,感受肩部拉伸感(图 6-1-9),动作持续 5 ~ 10 秒。换手重复相同动作。

动作 2 要领:一只手扣住另一只手的肘部,往同侧拉伸另一只手臂,感受肩部拉伸感(图 6-1-10),动作持续 5 ~ 10 秒。换手重复相同动作。

图 6-1-9　肩部拉伸

图 6-1-10　肩部拉伸

## 五、背部拉伸

训练方式:静态拉伸。

动作要领:两人面对面站立,双手放在对方肩上,躯干向下弯曲(图 6-1-11),背部往前伸直呈前倾姿势,身体上半身往下压(图 6-1-12),感受背部拉伸感,动作持续 5~10 秒,下压时要求直腿同时躯干几乎与地面平行。

图 6-1-11　背部拉伸

图 6-1-12　背部拉伸

## 六、胸部拉伸

训练方式:动态拉伸。

动作要领:双脚开立,与肩同宽,双手在背后分别握住球杆两端(图 6-1-13),缓慢做扩胸运动,双臂后伸,慢慢向上抬起(图 6-1-14),然后慢慢放下再向上抬起,重复此过程 5~10 次,要求背部挺直,保持肩部放松。

图 6-1-13　胸部伸展

图 6-1-14　胸部伸展

## 七、躯干拉伸

训练方式:动态拉伸。

动作要领:双脚开立,与肩同宽,手臂向上伸直,双手互握,掌心向上(图 6-1-15①),将身体弯向右侧,手臂向同侧绷直拉伸(图 6-1-15②),感受左侧躯干各部位拉伸感,动作维持 5 ~ 10 秒;还原,向身体左侧弯曲(图 6-1-15③)。

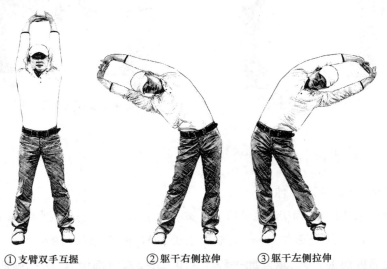
①支臂双手互握　　②躯干右侧拉伸　　③躯干左侧拉伸
图 6-1-15　躯干拉伸

## 八、大腿后侧拉伸

训练方式:动态拉伸。

动作要领:左脚向身前踏出,双手置于左侧大腿上(图6-1-16①),向前弓步移动身体,左膝成90°弯曲,重心往下,保持上半身垂直,伸展右脚踝关节(图6-1-16②),动作持续5~10次。换脚重复相同动作。

① 弓步压腿1        ② 弓步压腿2

图6-1-16 大腿后侧拉伸

## 九、腘绳肌拉伸

训练方式:动态拉伸。

动作要领:双脚开立,与肩同宽,上半身朝正前方弯腰,双手垂直向下(图6-1-17①),动作维持5~10秒;然后上半身朝左侧扭转,双手尽量向下触碰左脚尖(图6-1-17②),动作维持5~10秒;同理往右侧拉伸(图6-1-17③)。此动作主要拉伸大腿内侧。

① 双手垂直向下　② 左侧扭转　③ 右侧扭转

图 6-1-17　腘绳肌拉伸

## 十、小腿拉伸

训练方式:静态拉伸。

动作要领:双脚成弓步站立(一前一后)(图 6-1-18①),缓慢弯曲膝部,身体微微前倾,脚后跟向下挤压,小腿肌肉绷直(图 6-1-18②),感受后脚小腿拉伸感,动作维持 5~10 秒,换脚重复相同动作。过程保持双膝微微弯曲,背部挺直。

① 小腿拉伸1　② 小腿拉伸2

图 6-1-18　小腿拉伸

# 第二节　趣味游戏类训练

趣味游戏类训练能够帮助活动身体各个部位关节、肌肉等,为挥杆击球做好充分的准备,让练习者更好地体验高尔夫挥杆的乐趣。

## 一、手眼、脚眼协调游戏训练

这部分训练主要为了提高身体协调能力,尤其手眼、脚眼协调能力。

### 1. 投掷比赛

游戏目的:训练手眼协调能力。

游戏器械:篮球(或足球)、铁筐。

游戏规则:团队比赛,分两组;每组终点摆放一个投篮铁筐,每人1个球,在起点位置(距离目标位置3~5m),利用投篮动作将球投入筐内,投中得1分,最后统计得分。

游戏要求:不可以插队,投球后至队尾排队准备下一次;游戏过程中不可以捡球,直至结束;动作快速,瞄准目标(图6-2-1)。

图6-2-1 投掷训练

### 2. 射门比赛

游戏目的:训练脚眼协调能力。

游戏器械:足球、圆锥筒。

游戏规则:团队比赛,分两组;面对面站立,距离5~10m(即射门距离),球门宽1~2m(圆锥筒示意或用粉笔画固定区域);每组队员各自站立本方球门区域位置,相互将球踢进对面球门,进球得一分(图6-2-2),最后统计得分,看看哪一组进球多。

游戏要求:仅限脚内侧(脚弓)踢球,要求是地滚球,其他部位踢球或球离开地面均无效,严禁大力抽射,注意队员安全。

图6-2-2  射门比赛

## 二、跑、跳游戏训练

这部分游戏主要训练身体爆发力、速度、力量及耐力。

### 1.捕鱼游戏

游戏目的:训练身体爆发力、速度及耐力。

游戏场地:高尔夫练习场、操场或篮球场。

游戏规则:在场地内划定一个区域,指定两个人扮演捕鱼网(图6-2-3),手牵手开始撒网捕鱼,其他人扮演小鱼,在规定区域自由游动;捕鱼网触碰到小鱼则表示小鱼已被捕,与扮捕鱼网者牵手,变成捕鱼网(图6-2-4);随着捕鱼网越来越大,其他的鱼将无处可逃,直至把所有鱼捕完,游戏结束。

游戏要求:扮演捕鱼网的人手牵手,不可以松手;其他扮演小鱼的人不能跑出规定的区域,若跑出区域就视为被捕到,随即变成捕鱼网。

图 6-2-3　捕鱼游戏

图 6-2-4　捕鱼游戏

### 2. 抓捕游戏

游戏目的:训练身体爆发力、速度及反应能力。

游戏场地:高尔夫练习场、操场或篮球场。

游戏规则:分两组,面对面平行站立两排(图 6-2-5),间隔 2m,每组背后有终点线(5~10m)。教练报单数时,甲组往后跑,乙组追甲组,在未跑至终点线前被拍到即被抓捕,站回原位重新开始下一轮;教练报双数时,乙组往后跑,甲组追。最后看看哪一组抓捕的人多。如教练说“1+2”即单数,甲组跑,乙组追;“2+2”即双数,乙组跑,甲组追。以此类推。

游戏要求:当对方跑至终点线,抓捕无效,到达终点线前拍到才算有效;

只允许抓捕各自对面的那个人,其他人不是你的目标。

图 6-2-5　抓捕游戏

### 3. 跳跃类游戏

游戏目的:训练身体爆发力。

游戏规则:团队分组接力赛(图 6-2-6),看看谁跳得快;从起点平举双臂双脚跳至终点距离(5～10m),绕过障碍物,跳回起点与下一位同学击掌接力,依此类推,所有队员接力完,最后一位同学最先到达终点,即为获胜方。

游戏要求:双手向前方伸直,双脚跳,不可单脚跳,不可跑。

图 6-2-6　蹦跳接力

#### 4. 两人三足赛跑游戏

游戏目的：训练身体速度及协调能力。

游戏器械：小绳子（布绳）、圆锥筒。

游戏规则：团体分组接力赛，两人肩并肩站一起，将一人的左脚与另一人的右脚绑在一起，由四脚变成三脚，进行赛跑（图6-2-7）；从起点跑到终点（距离8～10m），绕过圆锥筒跑回起点；接力下一组。

游戏要求：两个人互相协调左右脚，为了相互脚步更协调，可以喊口令"一二一二"。

图6-2-7　两人三足赛跑

### 三、素质游戏训练

这部分训练主要训练身体敏捷性，提高平衡、协调能力，初步体验挥杆的快乐。

#### 1. 熊爬行比赛

游戏目的：训练敏捷性，提高平衡和协调能力。

游戏场地：高尔夫练习场、操场或篮球场。

游戏规则：两人一组比赛对抗，双手双脚支撑地面，模仿熊爬行姿势向前爬行，从起点爬行至终点（距离5～8m），绕过障碍物，爬回起点，看看谁爬得快(图6-2-8)。

　　游戏要求:双手双脚必须着地爬行,否则算违规。

图6-2-8　熊爬行

## 2. 蛇形行走

　　游戏目的:训练提高身体平衡控制能力。

　　游戏器械:两条10~15m绳子(直径4~6cm)。

　　游戏规则:将绳子摆放成各种形状(蛇型、S型、一字型等),两两对抗,在绳子上面行走(图6-2-9),走至终点,转身走回起点位置,接力下一个同伴,比比谁走得快且不能从绳子上掉下来。根据不同阶段学生,可设置难度,如加乒乓球拍托球行走。

图6-2-9　蛇形行走

游戏要求:行走过程中尽量控制身体,双手打开与肩平。

### 3. 短跑接力赛

游戏目的:训练提高速度与力量。

游戏场地:高尔夫球练习场、操场或篮球场。

游戏器械:圆锥筒、障碍物。

游戏规则:设定 8～10 米目标距离,从起点双脚跳过 3～5 个障碍物(图 6-2-10),全力冲刺跑至终点绕过圆锥桶,然后跑回起点,与下一个组员击掌接力;分组接力赛,看看哪一组最短时间内跑完。

游戏要求:组员接力时,击掌为接力成功或前一组员超过起点线;前一组员未跑到起点线后一组员提前跑算犯规,扣该组 2 秒;跑至终点必须绕过圆锥筒,否则扣该组 2 秒。

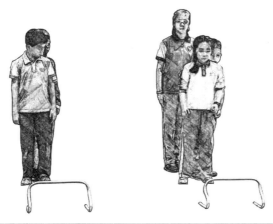

图 6-2-10　短跑接力

注:为了增加游戏趣味性和竞争性,以个人或分组的形式比赛均可。

### 4. 稳定性游戏训练

游戏目的:通过训练提升身体稳定性、协调性。

(1)背靠背夹球比赛

游戏器械:排球、足球或网球等。

　　游戏规则:背靠背站立,排球夹在两人背部中间(图6-2-11),利用两人之间的协调夹球行走;设定5~10m距离,分两个小组,每组10人,从起点到终点再返回起点接力。

　　游戏要求:只允许两人背部夹球,途中球掉需要原地夹好再继续行走。

图6-2-11　背靠背夹球

　　(2)拔河比赛

　　游戏器械:专用拔河绳。

　　游戏规则:男女混合分组,4小组,每组4~10人,签抽决定两组之间先两两对抗,最终胜者对胜者,决出冠亚军。设定距离2m的两条平行线,绳子中间标记放置于两条平行线中间,双方拔河过程中,当一方将绳子标记拉过线,即为获胜一方(图6-2-12)。

　　游戏要求:组员脚与脚相互并拢站立,身体重心靠后,团队合作,齐心协力。

　　(3)螃蟹爬行比赛

　　游戏场地:高尔夫练习场、操场或篮球场。

　　游戏规则:设定目标距离(5~8m),双脚、双手支撑地面,身体正面朝上方,利用手脚及身体力量行走(图6-2-13);两人一组,从起点爬向终点,绕过障碍物,爬回起点,看看谁走得快。

　　游戏要求:行走过程中臀部不可着地,双手双脚必须着地。

图 6-2-12　拔河比赛

图 6-2-13　螃蟹前走

### 5. 高尔夫体验游戏训练

游戏目的:让学员体验高尔夫上挥杆、下挥杆、髋部转身等动作,提高高尔夫球运动的趣味性。

（1）传接球游戏

游戏器械:足球、篮球或排球等。

游戏形式:团队赛。

　　游戏规则:每列 10 人,间隔 30cm 站立,形成一列,队列第一人转身将球传至身后,第二人接球后以此方式传至下一人,传球至最后一人,再由后往前传接球,直至传到开始位置,第一轮游戏结束,过程由转身传球到转身接球(图 6-2-14)。每一轮结束后,队尾最后一位往队列第一位站立,继续传接球,共 10 轮。

　　游戏要求:充分利用髋部转动带动身体,传球过程转身双手传球、双手接球。

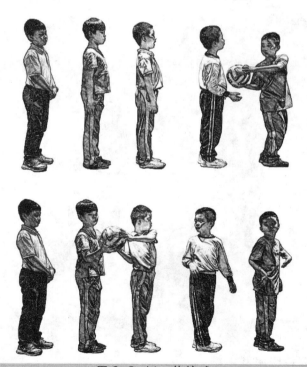

图 6-2-14　传接球

(2)抛投球游戏

　　游戏器械:能量球、足球、篮球或排球等。

　　游戏规则:每列 10 人,学员间间隔 1m;两列面对面站立,两列间隔 8～15m。持球一列侧面站立,双手持球自然放置身体下方,听老师指令,双手将球抛投至对面学员,接到球的同学再进行同样的抛球动作。注意动作要求,模仿完整挥杆动作,上杆转身的同时,双手将球放至最高点(图6-2-15),下挥杆的动作双手将球抛投出去(图6-2-16),看看谁抛得远,动作最标准。

　　游戏要求:待对面一列所有人抛投完,方可捡球;注意球尽量抛至正前方,面对面站立两人相互抛投,不可越位接其他人的球。

图6-2-15　抛投球

图6-2-16　抛投球

### 6. 高尔夫切、推、全挥杆游戏训练

　　游戏目的:让学员体验高尔夫切杆、推杆、全挥杆等动作,培养高尔夫球运动感觉和兴趣。

　　(1)切杆游戏

　　游戏设备:打击垫10个、球杆20支、切杆目标网10个、高尔夫软球120个(白、红、黄各40个)。

游戏场地:高尔夫球练习场、室内高尔夫球设施等。

游戏时间:45 分钟。

游戏形式:班级赛制、年级赛制、男女组赛制。

游戏规则:

① 40 人,分 10 个小组,每组 4 人,进行切杆比赛,每组白、红、黄色高尔夫软球 4 个;设置 10 个打击位,每套设备包括 1 个打击垫、2 支球杆、1 个切杆目标网和 12 个各色软球;打击垫与目标网距离 3~5m,利用球杆将球切进目标网即得分;每小组选定一名队长,负责组织、统计成绩等;球员打球前注意观察,避免打伤人;其他人在打球区 2m 外排队等候。

② 不同颜色的球得分不同,白球得 3 分、红球得 2、黄球得 1 分;游戏分三轮,每轮每组打 48 个软球,每组每人打 12 个球(白、红、黄各 4 个),记录小组总得分,进入下一局。

③ 由教练选定一种颜色的球,即该颜色得 3 分,其他两种颜色得 1 分,结束后公布球的颜色,并统计成绩;游戏分三轮,每轮每组打 48 个软球,每组每人打 12 个球(白、红、黄各 4 个),记录小组总得分,进入下一局。

④ 所有颜色的球切进目标网均得 1 分;游戏分三轮,每轮每组打 48 个软球,每组每人打 12 个球,记录小组总得分,进入下一局。

注:比赛形式视不同的人数而定,大课 40 人,进行团体分组比赛;小课 10~20 人,可进行个人比赛;均按游戏规则进行即可。

(2) 推杆游戏 1

游戏设备:推杆 16 支,护栏 4 个,高尔夫软球 80 个(白、黄球各 40)、推杆练习垫 8 条。

游戏场地:高尔夫球练习场、室内高尔夫球设施等。

游戏形式:班级赛制、年级赛制、男女组赛制。

游戏时间:45 分钟。

游戏规则:

① 40 人,分 8 个小组,每组 5 人,进行推杆淘汰赛。

② 每组按得分最高者与其他 7 组最高得分者抽签两两对决,以 8 进 4、4

进 2 形式,决出冠亚军。

③ 推杆距离 1 ~ 3 米(按不同阶段学生情况,设定距离)。

④ 每人推 10 杆,白球、黄球各 5 个,白球得 3 分、黄球 1 分,利用推杆将球推进洞即得分,反之不得分。

(3) 推杆游戏 2

游戏设备:推杆 40 支、高尔夫软球 40 个。

游戏场地:高尔夫球练习场、室内高尔夫球设施等。

游戏形式:班级赛制、年级赛制、男女组赛制。

游戏时间:45 分钟。

游戏规则:

① 5 人/组/区域,划分 8 个推杆目标区域,每个目标区域直径 2m,推杆距离目标区域 5 ~ 8m;5 个球/组,由起点位置将球推至目标区域,推进区域范围得 1 分,8 个小组同时进行,每轮每人推一个球,记录每一轮小组成绩,共 10 轮;最终统计小组总分数,看看哪一组得分高。

② 每推完一轮,迅速捡球;听老师指令开始下一轮;保持秩序,每轮每人仅限推一个球,多者无效。

(4) 最近洞比赛(一体化数字设备或数字化教学设备)

比赛设备:城市高尔夫系统(图 6-2-17)。

比赛球场:有相关设备的高尔夫球场。

比赛形式:班级赛制、年级赛制、男女组赛制。

比赛时间:45 分钟。

比赛规则:个人排名赛,城市高尔夫 APP 注册账号并登录,系统选定最近洞比赛球场,5 人/组、10 分钟/组、5 杆/人,每组每人轮流打,每人取最好的最近洞成绩;每个人的账号,要求在规定时间内打 5 杆,反之无效。最终通过城市高尔夫 APP 查看所有人成绩。

(5) 9 洞比赛(数字化教学设备)

比赛设备:城市高尔夫系统。

比赛球场:有相关设备的高尔夫球场。

图 6-2-17　城市高尔夫系统

　　比赛形式：分别为班级赛制、年级赛制、男女组赛制。

　　比赛规则：个人总杆赛，采取一轮制（共计 9 洞）比杆赛的形式，成绩以一轮个人比杆赛总杆数少者名次在前，成绩出现并列时，比较 5—9 洞的成绩；若还相同，则从最后一洞（第 9 洞）开始往前递推比较单洞成绩，采取倒计数方式决定名次，每次比赛每个参赛球员账号 ID 仅能参与一次比赛，不可重复参与，只计首次 9 洞成绩；比赛时间 90 分钟/组，注意把握时间。根据参数人数,可按年级、男女性别分组。如小学 3 年级,A 组男 20 人,分 4 组,5 人/组;B 组女 20 人,分 4 组,5 人/组;A 组打蓝 Tee、B 组打白 Tee;待所有小组打完 9 洞,系统自动记录成绩,按 A 组和 B 组进行个人排名,通过城市高尔夫 APP 查看成绩排名。

注:如有两台城市高尔夫系统,A、B 组可同时进行比赛,设定每一组具体比赛时间,在规定时间进入比赛模式即可;如只有一台设备,A、B 组分别在规定时间内轮流进行比赛。

**小贴士**

以多种运动为宜,切忌单一运动项目,不利于身体的全面发展。青少年参加高尔夫球运动兴趣培养很关键。注意运动量的控制,不要过度劳累,避免受伤。注意运动疲劳恢复时间,循序渐进。

## 第三节　上、下肢素质与核心力量训练

### 一、上肢素质训练

上肢素质训练能帮助球员提高挥杆速度,保持动作稳定,及防止手腕关节受伤。

**1. 抛接球**

训练目的:增强手臂力量,体验练习高尔夫上杆、转身、下杆动作。

器械:软式实心球或能量球。

动作要领:两人一组,设定距离 3～5m,面对面或侧面站立,转身利用髋部(腰腹)运动顺势协调手部将球投出去,两人相互投接球(图 6-3-1、图 6-3-2)。侧面站立时可换身体另一侧练习。

动作要求:注意转身和手部发力动作协调性。

图 6-3-1　正面投接球

图 6-3-2　侧面投接球

### 2. 投掷飞盘

训练目的:增加手腕打球力量、灵活性,避免手腕受伤。

器械:飞盘。

动作要领:四指屈曲握住飞盘上方,大拇指自然托住飞盘下方,利用手腕力量将飞盘投掷出去的同时转髋(图 6-3-3),主要练习手腕挥动及髋部发力。

动作要求:投掷过程中注意手腕挥动起来。

① 飞盘准备　　　　　② 手腕蓄力　　　　　③ 转髋、手腕释放

图 6-3-3　投掷飞盘

### 3．击球

训练目的：练习速度、力量、爆发力，提高挥杆速度。

器械：棒球棒、垒板托球架、网球（或软球类）。

动作要领：双脚开立，与肩同宽，面向垒板，左脚趾与垒板垂直（垒板高度根据青少年身高而定，与腹同高即可）；十指紧握棒球棒，举起球棒利用髋部、手臂力量，重心由右脚转到左脚，身体顺势转身将球挥打出去（图 6-3-4）。

动作要求：注意挥棒前、挥棒后转髋和重心转移。

图 6-3-4　击球

### 4．俯卧撑

训练目的：增强手臂和胸部力量，使挥杆更快，动作更稳定。

器械：软垫或瑜伽垫。

　　动作要领:双手距离略宽于肩,支撑地面,双脚并拢脚尖撑起,俯身抬头,利用手部力量上下支撑身体(图6-3-5),8~12次/组,根据青少年身体状况而定。

　　动作要求:身体与地面平行,不可触碰地面。

图6-3-5　俯卧撑

### 5. 弹力带站姿划船

　　训练目的:主要训练背阔肌、臀大肌、肩部;有利于挥杆幅度加大,击球距离更远。

　　器械:弹力训练带或训练软带。

　　动作要领:教练握住训练带一端,学员右手握住训练带另一端,右脚站立,左脚向前微微伸出并离开地面,右手开始用力向身体侧方拉训练带(图6-3-6),10个/组,左右双手双脚交替进行。

　　动作要求:动作过程保持挺胸收腹,一只脚支撑,另一只脚不可接触地面。

### 6. 劈

　　训练目的:提升核心力量和爆发力。

　　器械:弹力训练带或拉力器

　　动作要领:将拉力器固定于约1人高位置,学员单膝跪姿侧对拉力器,双手握把手,从右上方往左下方发力,做劈的动作(图6-3-7)。

动作要求:发力时保持挺胸收腹,骨盆保持稳定,不可随脊柱转动。

图6-3-6 弹力带站姿划船

图6-3-7 劈

## 二、下肢素质训练

下肢素质训练有助于增强身体的稳定性、平衡性及力量,使挥杆动作更有力。

### 1. 深蹲

训练目的:提升腿部力量和身体的稳定性。

动作1要领:快速下蹲。双脚与肩同宽站立,以最快速度下蹲并迅速起立(图6-3-8),注意双手适当抬起,不能触碰大腿,且双脚不能离地,膝盖不可超过脚尖,10次/组。

动作要求:动作过程中收腹挺胸,身体下沉后快速起立。

图 6-3-8　深蹲

动作2要领:箭步蹲。双脚与肩同宽,一前一后站立,原地屈膝下蹲及站立,保持躯干直立(图6-3-9),10次/组。左右脚交替在前。

动作要求:动作过程中收腹挺胸,身体下沉后快速起立。

### 2. 敏捷梯

训练目的:提升速度、力量与灵敏性,让挥杆动作更稳定。

器械:软梯子。

图 6-3-9　箭步蹲

　　动作1要领：直线摆放敏捷梯，长5m左右；高抬腿，双臂上下摆动，左右脚分别踏入梯格，一脚一格（或每格踏两次）直至终点（图6-3-10①）。

　　动作2要领：直线摆放敏捷梯，长5m左右；高抬腿，双臂上下摆动，从梯格左边双脚各踏一次，踏入梯格双脚各踏一次，踏出梯格右边双脚各踏一次，然后前进一格，以此类推直至终点（图6-3-10②）。

　　动作要求：过程中注意抬腿，摆动双臂，以最快步频通过。

①

②

图 6-3-10　敏捷梯训练

### 三、核心力量训练

人体的核心是腰椎—盆骨—髋关节区域,核心力量就是身体核心部分的力量。它讲究的是集中、协调、稳定。拥有良好的核心力量有助于最大限度发挥身体其他肌肉群的作用。

以下动作均训练身体核心力量的稳定性、协调性,使挥杆动作更标准。

#### 1. 15 秒往返跑

训练目的:提升速度、爆发力、耐力,让你轻松完成 18 洞的练习和比赛。

器械:两个圆锥筒。

动作要领:设定目标距离,记录学员 15 秒内往返跑次数(图 6-3-11),主要练习速度和爆发力。

动作要求:控制身体重心,每次往返均要触摸圆锥筒。

图 6-3-11  往返跑

#### 2. 打扫房间

训练目的:提升四肢协调性、灵敏性,使打球动作更流畅、更标准。

器械:高尔夫球(或网球等)。

动作要领:设定正方形区域,教练在区域外向里面投地滚球(高尔夫球),学员手脚支撑地面,利用手脚将球清理出区域外,投地滚球速度和频率由慢变快(图 6-3-12)。另外,可根据学员身体素质情况增加难度,如正方形区域四面各站一人,同时向区域内投地滚球。

　　动作要求:协调上下肢身体部位,快速将球清理出区域外。

图6-3-12　游戏:打扫房间

3. 壶铃彩虹

　　训练目的:提升肌肉耐受力及身体的稳定性、平衡性。

　　器械:壶铃(或小哑铃)。

　　动作要领:学员单手握住壶铃,同时抬高一只脚,将壶铃举高跨过头顶,转移至另一只手,紧接着一样的动作来回交替进行(图6-3-13)。

　　动作要求:非支撑脚抬起,保持身体重心平衡。

①准备　　　　　　②高举过头　　　　　　③换手练习

图6-3-13　壶铃彩虹

### 4. 非负重蹲跳

训练目的:增强腰腹部力量及身体的稳定性、协调性。

器械:球杆或木棍。

动作要领:双脚距离略宽于肩,双手紧握木棍,双手间距离约肩宽,略微弯曲双膝(图6-3-14①);折叠髋部,木棍下沉至胫骨位置(图6-3-14②),集中力量快速向上跳(图6-3-14③)。

动作要求:注意向上跳时始终保持挺胸收腹,身体与地面垂直,尽可能使全身肌肉参与进来。

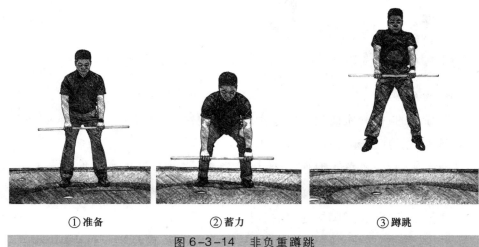

①准备                    ②蓄力                    ③蹲跳

图6-3-14    非负重蹲跳

### 5. 单脚定点跳

训练目的:提升腿部爆发力、身体协调性、耐力。

器械:呼啦圈。

动作要领:利用呼啦圈设定不同的距离位置(根据学员身体情况而定),单腿跳跃进不同距离的呼啦圈(图6-3-15)。

动作要求:跳跃过程中保持重心平稳,非支撑腿不能着地。

图 6-3-15　单脚定点跳

# 第四节　综合性训练

本节所要训练的内容,贯穿前面所有的动作内容,包括投掷、模拟挥杆击球动作、跑、跳及全身的综合力量。

## 一、交叉训练

通过各种运动训练,来保持球员运动能力,确保其身体能够完成不同的运动训练内容。

### 1. 动态击球训练

训练目的:模拟、体验挥杆动作,提高身体协调性。

器械:棒球棒、棒球(或网球)。

动作要领:双脚距离与肩同宽站立,面向教练,手握棒球棒,教练在其正面抛球(球高度到达腹部即可),学员根据教练抛球高度、距离自行调整位置,伸展髋部,挥棒向左侧击球(棒球式挥杆)(图 6-4-1)。

动作要求:过程中注意重心转移,由右脚转至左脚;眼睛看球,转身、挥杆、送杆及收杆动作清晰。

①击球准备

②击球

③收杆

图 6-4-1　动态击球训练

## 2. 投掷训练

训练目的：体验完整的上杆、转身、下杆动作。

器械：橄榄球（或垒球、棒球、网球、篮球等）。

动作要领：双脚距离与肩同宽站立，右手握橄榄球，挥肘重心在后（身体重心在右脚），发力过程中重心由右脚转至左脚，结合髋部转动及手部力量，迅速将球投掷出去（图 6-4-2）。

动作要求：注意上、下半身动作的协调性，借助转身及下肢力量投球。

①蓄力　　　②投掷　　　③前推

图 6-4-2　投掷训练

### 3. 单腿自行车

训练目的:腿部爆发力、上下肢力量。

器械:障碍物。

动作要领:设定 5~6 个障碍物,各障碍物间距离 25~30cm,形成一排;学员在单腿跳跃障碍物之前,先在旁边无障碍处练习;然后单脚越过障碍物,前脚掌触地后,快速跳过下一个障碍物,以此类推向前单腿跳跃(图 6-4-3)。

动作要求:注意跳起后单脚落地,膝盖尽量抬高,中途不可以换脚。

图 6-4-3　单腿自行车

## 二、综合力量训练

通过力量组合训练,有效提高核心力量以及稳定性和协调性,使挥杆动作更流畅、更标准。

### 1. 腿部力量训练

训练目的:通过不同的腿部训练方式,加强腿部力量和身体稳定性。

动作1(蹲跳)要领:双脚距离与肩同宽站立,双脚向下屈伸,大腿与小腿几乎成90°,迅速垂直向上跳,注意起跳后双腿在空中直立(图6-4-4),10~20次/组。

①准备　　　　　②下蹲　　　　　③起跳

图6-4-4　蹲跳

动作2(深蹲)要领:双脚距离与肩同宽站立,身体下蹲,脚后跟向上顶,髋部后移,身体及后背挺直下沉(图6-4-5),站起后重复下蹲,10~20次/组。

注:以上腿部力量训练,均要求身体慢慢下沉后,快速跳起或起身;根据不同年龄阶段学员,可增加负重训练,如小杠铃等器械。

①准备　　　　　②深蹲

图 6-4-5　深蹲

### 2. 核心力量训练平板支撑

训练目的：加强核心爆发力、耐力以及脊柱稳定性等核心力量。

器械：软垫。

动作要领：双手肘平行与脚尖支撑软垫上，身体收紧抬离垫面，（20～30秒/组）（图 6-4-6）；然后侧身右手肘与右脚外侧支撑地面身体收紧抬离垫面（20～30 秒/组）（图 6-4-7）；换左侧同样动作，左手与左脚外侧支撑地面身体收紧抬离垫面（20～30 秒/组）（图 6-4-8）。

动作要求：注意训练过程中保持自然呼吸，具体运动量根据个人年龄、身体状况而定。

图 6-4-6　平板支撑

图 6-4-7 左侧桥

图 6-4-8 右侧桥

注:每一组的练习时间,根据学员实际情况确定。

### 3. 俯卧撑综合训练

训练目的:增强胸部及上肢力量。

器械:软垫或瑜伽垫。

俯卧撑1动作要领:双手张开支撑地面,双手距离约与肩同宽,双脚并拢,膝关节着地,身体收紧,俯身抬头,利用上肢力量上下支撑身体(图6-4-9)。

图 6-4-9 膝盖俯卧撑

俯卧撑 2 动作要领:双手手掌支撑地面,两拇指、两食指分别相抵,中间成菱形,双脚并拢,膝关节着地,身体收紧,俯身抬头,利用上肢力量上下支撑身体(图 6-4-10)。

图 6-4-10　膝盖俯卧撑

俯卧撑 3 动作要领:双手张开支撑地面,双手距离约与肩同宽,双脚并拢,膝关节着地,身体收紧,俯身抬头,利用上肢力量上下支撑,注意在此动作过程中,身体俯身后,挺身时双手离地(向地面方向推压)(图 6-4-11)。

图 6-4-11　膝盖俯卧撑

注:以上俯卧撑综合训练动作,要收紧核心,躯干离开垫面,具体训练量根据不同学员情况而定。

### 4. 下蹲、推球和冲刺

训练目的:增强全身速度、力量、爆发力等。

器械:软式实心球或能量球。

动作要领:设定距离(10~12m),双脚间距略大于肩站立,双手持实心球放置胸前位置,膝盖弯曲下蹲,利用腿部与双手力量将球推出去,然后冲刺跑到球的位置(图6-4-12),拾球后重复之前的动作,直至跑到终点。

动作要求:过程中注意跑步姿势(上半身保持放松,摆臂,下半身提膝跨步)。

图6-4-12　下蹲、推球冲刺

### 5. 哑铃抓举

训练目的:增强脊柱的稳定性以及身体协调性。

器械:哑铃(具体质量视个人情况而定)。

动作要领:双脚距离略宽于肩站立,单手正握哑铃,背部挺直,快速下蹲,哑铃悬挂在双腿之间,紧接着身体向上,手肘向外;哑铃提至胸部位置时,身体向下,完成下蹲姿势的同时,将哑铃举高至头顶(图6-4-13),然后双腿站直,放下手臂。

动作要求:注意动作分解及连贯性。

图 6-4-13 哑铃抓举

**小贴士**

针对不同身体部位的训练动作有不同的作用和目的。综合使用全方位的训练方式,有利于挥杆动作的技术发挥。单一的训练不利于青少年综合素质的提升,不利于挥杆动作技术的完善。

要按不同教学对象的年级、年龄,采用不同的训练方法及运动量,避免运动损伤。

## 第五节　高尔夫球专项心理训练

高尔夫传奇人物本·侯根曾经说过:高尔夫球运动 10% 是人体力学,90% 都是心理学。由此可见,心理因素对高尔夫球运动的作用和影响不言而喻。特别是在高水平球员的角逐中,对心理素质的要求更高。不论职业球员还是业余球员,我们经常会看到一些球员天赋很高却未能赢得比赛。很大一部分原因是球员的决策、想法、想象力等因素都会影响到球员的每一次挥杆。心理训练通过提升球员的心理素质，来帮助其提升比赛中面对困难的应变能力。教练和球员也通常会花数年时间来进行高尔夫专项心理训练，培养自信、信任、专注和冷静等特质。这是高尔夫球运动的日常必修课。

## 一、影响高尔夫球运动技术发挥的主要心理因素

（1）情绪过度兴奋：球员受足够强的刺激后所产生的生理功能加强的反应，过度兴奋后，必然会产生抑制情绪。

（2）焦虑与紧张：球员在情境刺激下，受个人的认知、评价、个性、状态等影响而产生的以对击球好坏的担忧和情绪紧张为主要特征的心理反应状态。

（3）注意力分散：球员易受环境干扰而分心，不能专心打球。

## 二、高尔夫球员心理特征的常见类型

（1）自我抱怨型：球员因一杆打不好而自责，始终想着刚才失误的那一杆。

（2）完美主义型：球员希望每一杆都尽善尽美，达不到理想状态时，就表现出漫不经心、心灰意冷的情绪。

（3）压力恐惧型：面对比赛困境时，球员难以控制内心压力和恐惧，表现出不自信。

（4）自满型：打出几杆好球后，球员容易自满而造成过度放松，动作随意或不严谨。

（5）犹豫不决型：球员遇到自身捉摸不定的比赛情境时，缺乏对比赛策略的想法和决策，到底是该往左还是右，球杆用短杆还是长杆，很多决策摇摆不定。

## 三、高尔夫球员心理行为自我调控

高尔夫球运动虽然是一项以技术为主的运动，但是受到心理因素和精

神状态的很大影响。我们通常说的高尔夫球员的心理素质,包括专注、自信和自我控制等。在训练和比赛中不断自我调控,增加心理素质非常重要。

### 1. 充分准备

球员通过找出自己的弱点,增强练习;在练习的时候多做几次空挥杆动作,觉得有信心后再击球;有意识地在脑海里想象流畅击球的感觉,加深自信击球的印象,把每一次的击球练习当成比赛,并快速进入状态。

### 2. 保持平静的思绪

球员要学会在击球时降低周围环境对自身的影响,击球时只需想着击球方向、落点和建立自信。当然,这里的自信不是盲目的自信,而是建立在长期有效训练的基础上的。一种有效的方法是调整呼吸,把注意力放在击球上;另一种是放慢节奏,人们通常在紧张的时候会挥杆过快、上杆不充分,这时要试着慢下来,比如慢慢地从球包里拿出球杆,击球前多做一些空挥杆,由此来保持平静的思绪。

### 3. 选择性记忆

球员要记住高尔夫球运动就是一项不断犯错和不断改正的运动,坦然接受自己的任何击球效果,不要因为打得不好就抱怨。从这点出发,球员就会不断进步。球员要学会选择性记忆,忘掉不好的挥杆,记住自然、协调的挥杆感觉。

### 4. 集中注意力

球员击球时要集中注意力,心无旁骛。比如在第一洞开球时,别想着这次总杆能打多少,在果岭推杆时别想着下一洞开球。在下场前一两天要调整好自己的心情,与周围的人和睦相处,不要把不愉快的情绪带到球场上,随时保持愉悦而自信的心情。

### 5. 自我暗示

球员在遇见困难和挫折之后会通过肯定或否定的自我暗示进行调整,通常积极的自我暗示对球员的运动表现有良好的效果,鼓励球员对自己说:"可以的! 没问题!"这一杆越困难,对自己积极的自我暗示要越多。比如在比赛关键的最后一洞,面对一个长距离的铁杆上果岭,而且需要抓"鸟"来取得胜利,那么就对自己说:"你知道这一杆的意义,你已经做过上千遍,现在你也可以再做一次,你一定可以!"

### 6. 想象与形象化

球员可通过电视或现场多观看一些职业球员的比赛,了解他们击球的动作及优势,把自己也想象成职业球员,表现出职业水准的协调性与气势。如果条件允许,在练球时也可以录像,把一些轻松、自然的挥杆画面保留,经常观看,以便在下场时想象。

### 7. 自我调控

一个球员,不管球技再高,都会受到心理的影响,心理状态很大程度上影响了球技的发挥。清楚了解自身的优势与劣势,忘记过去,把眼光放远,从过往比赛中学习总结经验,以把任何时候的练习都当作比赛的心态,自我制造压力并自我调整。

# 第七章　校园高尔夫教学

## 第一节　青少年球员的特点

在实际教学过程中,教练员面对的学生在年龄、身体发育水平、体能素质和心智水平上都不尽相同,必须清楚学员的年龄段所对应的各种特点及需求,合理地制定培养方案,明确应该给予他们的帮助和指导,做到因人而异,因材施教,科学地引导学生掌握高尔夫球运动技能,培养其终身受益的品质。下面针对不同年龄段球员的特点及需求,提供了教练员的应对举措,详见表7-1至表7-4。

表7-1　5～8岁青少年球员的特点、需求以及教练员应对举措

| 维度 | 球员的特点 | 球员的需求 | 教练员应对举措 |
|---|---|---|---|
| 身体上 | ● 身体协调性开始发展<br>● 主要使用大肌肉群<br>● 精力旺盛但容易疲劳<br>● 在身体活动中学习效果最好 | ● 高尔夫球具、规则和高尔夫球场应相应改变,适应他们的特点<br>● 寓教于乐<br>● 所有人一同行动<br>● 课程中的活动多样化 | ● 多种多样的活动计划<br>● 强调乐趣和全体参与<br>● 积极和充满关爱<br>● 把高尔夫技能带入游戏当中 |
| 社交上 | ● 依靠父母和成人的帮助<br>● 正在学习友谊与合作<br>● 希望与朋友们一起<br>● 男孩和女孩喜欢一起玩 | ● 理解他们的教练<br>● 每个人都可以是赢家的游戏<br>● 有乐趣且能和好朋友一起<br>● 可以学习如何相处的团队游戏 | ● 把男孩和女孩放在一个团队中<br>● 了解哪些球员是好朋友<br>● 做球员坚强的后盾<br>● 和球员的父母进行沟通 |

续表

| 维度 | 球员的特点 | 球员的需求 | 教练员应对举措 |
|---|---|---|---|
| 情绪上 | • 希望拥有公平的环境<br>• 需要并寻求父母或教练的认可<br>• 对于批评较为敏感<br>• 容易分心,容易变得沮丧 | • 规则简单的游戏<br>• 能够体验成功<br>• 理论教学不能太多<br>• 能够建立自信 | • 促进比赛的公平<br>• 提供大量积极的鼓励<br>• 聆听球员的心声<br>• 方式灵活多变 |
| 智力上 | • 对过程比对结果更感兴趣<br>• 经常会问"为什么"<br>• 空间和时间认识水平低<br>• 能区别现实和幻觉 | • 提问和发挥想象力的机会<br>• 容易理解和开展的任务<br>• 经常重复安全规定<br>• 多行动 | • 确保课程充满行动而非说教<br>• 确保课程计划中有新的活动<br>• 真诚和诚实地回答问题<br>• 保护球员的安全 |

表 7-2　9~12 岁青少年球员的特点、需求以及教练员应对举措

| 维度 | 球员的特点 | 球员的需要 | 教练员应对举措 |
|---|---|---|---|
| 身体上 | • 开始发展良好的运动技能<br>• 身体进入快速发育期,伤病的风险加大<br>• 力量、平衡、协调性素质提高<br>• 身体趋于成熟 | • 更多特定的高尔夫技能<br>• 引入真正的高尔夫比赛<br>• 大量有时间限制的任务<br>• 从玩耍到刻意练习的转变 | • 更好地意识到个体的需要<br>• 把高尔夫技能带入游戏当中<br>• 把活动扩展到更高的层次<br>• 规划多样化的活动 |
| 社交上 | • 变得更加独立<br>• 倾向于与同性别的人群一起<br>• 乐于扮演简单的领导角色<br>• 同辈认同,依然需要成人帮助 | • 引入竞争意识<br>• 社交意识增强<br>• 始终如一的标准和公平 | • 能够理解更为成熟的女球员<br>• 提供大量的反馈<br>• 做决定时听取球员的意见<br>• 鼓励团队合作和公平竞争 |

续表

| 维度 | 球员的特点 | 球员的需要 | 教练员应对举措 |
|---|---|---|---|
| 情绪上 | • 开始质疑父母的权威<br>• 积极性容易被激发且准备好接受挑战<br>• 渴望责任<br>• 喜欢挑战但不希望在他人面前失败 | • 感觉是被接受和值得相处的<br>• 能够理解他们的教练和父母<br>• 大量积极的支持和反馈<br>• 楷模和榜样 | • 强调成功,让失败的影响降到最小<br>• 不能总是说教<br>• 关注和倾听球员的需求<br>• 发挥楷模、榜样和父母的作用 |
| 智力上 | • 注意力范围增加<br>• 运用推理并能够解决问题<br>• 开始评估设定的目标<br>• 喜欢分享想法和反应 | • 作为一个独立个体,被合理地对待<br>• 理解成功的含义<br>• 从错误中学习<br>• 被鼓励去接受挑战 | • 为球员们提供做决定的机会<br>• 为球员们提供做领导者的机会<br>• 给予大量的实践机会<br>• 认可个体的差异性 |

表7-3 13~16岁青少年球员的特点、需求以及教练员应对举措

| 维度 | 球员的特点 | 球员的需要 | 教练员应对举措 |
|---|---|---|---|
| 身体上 | • 身体进入快速发育期,可能带来身体的不协调<br>• 经过改良的更精良的运动技能<br>• 能够承受更多的训练量 | • 更加专项化的高尔夫训练<br>• 有目标明确的教学计划的教练<br>• 简单的高尔夫实战策略<br>• 更为精准的表现评估 | • 注意球员的伤病和疲劳<br>• 计划需要因人而异<br>• 拥有高水平的高尔夫挥杆知识<br>• 理解简单的高尔夫实战策略 |
| 社交上 | • 建立了长久的友谊<br>• 变得非常独立<br>• 寻求个人认同<br>• 从社会认知角度意识到自己和他人的需求 | • 大量积极的个人支持<br>• 参与决策的制定<br>• 深刻理解自己的教练<br>• 课程的安排严格且有合理的纪律 | • 从个人角度上了解每一位球员<br>• 为球员提供做领导者的机会<br>• 鼓励球员做决定<br>• 灵活的训练时间 |

续表

| 维度 | 球员的特点 | 球员的需要 | 教练员应对举措 |
|---|---|---|---|
| 情绪上 | ● 经过提升的自我形体影像意识<br>● 想要被作为一个成人对待<br>● 荷尔蒙的改变引起情绪的不稳定<br>● 面对批评很脆弱 | ● 被赋予责任<br>● 被赋予领导权的机会<br>● 一个鼓励他们保持参与的环境 | ● 把每位球员当作独立的个体对待<br>● 保持高尔夫的乐趣元素<br>● 和球员的家长沟通<br>● 保证球员的安全 |
| 智力上 | ● 拥有更广泛的注意力范围<br>● 准备进行深度的学习<br>● 能够为自己列计划<br>● 能够自我评估并表达 | ● 被赋予所有权和责任<br>● 理解自己为何要这样做<br>● 在不同的高尔夫实战情境中接受测试<br>● 能够进行自我分析 | ● 让球员自己解决问题<br>● 让球员自我反思和自我分析<br>● 让球员设置比赛方案 |

表7-4　17岁及以上球员的特点、需求以及教练员应对举措

| 维度 | 球员的特点 | 球员的需要 | 教练员应对举措 |
|---|---|---|---|
| 身体上 | ● 身体发育成熟<br>● 能够接受高水平的训练量<br>● 高龄球员可能有伤病和残疾<br>● 能够处理复杂的运动技能 | ● 更加专项化的高尔夫训练<br>● 有目标明确教学计划的教练<br>● 简单的高尔夫实战策略<br>● 更为精准的表现评估 | ● 注意球员的伤病和残疾<br>● 计划需要因人而异<br>● 拥有高水平的高尔夫挥杆知识<br>● 理解简单的高尔夫实战策略 |
| 社交上 | ● 建立了长久的友谊<br>● 同龄群体非常重要<br>● 工作和家庭生活可能使高尔夫时间减少<br>● 从社会认知角度认识到自己和他人的需求 | ● 大量积极的个人支持<br>● 参与决策的制定<br>● 深刻理解自己的教练<br>● 大量和他人的互动，感觉有趣并参与其中 | ● 从个人角度上了解每位球员<br>● 大量的团队活动<br>● 鼓励球员做决定<br>● 灵活的训练时间 |

续表

| 维度 | 球员的特点 | 球员的需要 | 教练员应对举措 |
|---|---|---|---|
| 情绪上 | <ul><li>高水平的自我意识</li><li>被成功所驱动</li><li>不希望自身的"无能"被看见</li><li>面对批评很脆弱</li></ul> | <ul><li>提供积极支持并懂得关怀的教练</li><li>被赋予责任</li><li>被赋予领导权的机会</li><li>鼓励他们多待一会儿的环境</li></ul> | <ul><li>把每位球员当作独立的个体对待</li><li>保持高尔夫的乐趣元素</li><li>总是保持积极向上</li><li>保证球员的安全</li></ul> |
| 智力上 | <ul><li>拥有广泛的注意力范围</li><li>准备进行深度的学习</li><li>道德和价值观根深蒂固</li><li>能够自我评估并表达</li></ul> | <ul><li>被赋予领导权和责任</li><li>理解自己为何要这样做</li><li>在不同的高尔夫实战情境中接受测试</li><li>能够进行自我分析</li></ul> | <ul><li>让球员自己解决问题</li><li>让球员自我反思和自我分析</li><li>让球员设置比赛方案</li></ul> |

　　教练员清楚了学员的特点及需求,明确了自己的职责和可以采取的应对举措,才能够更好地引导学员在高尔夫这条健康、快乐、优雅的运动之路上更好地走下去。

# 第二节　青少年校园高尔夫的主要教学知识点

　　作为青少年球员的教练,在与青少年球员的相处和教学过程中,需要认识到青少年球员在身体上和心智上都还未发育成熟,依然处在不断变化过程中,需要强调守则与礼仪、规则与要求,需要选择与球员年龄段所适应的训练形式、方法。表7-5强调了面对不同年龄学员,教练员所应该传授的高尔夫知识,可作为教学的参考。

表 7-5    不同年龄段青少年校园高尔夫教学知识点指南

| 需要在课程中传授的高尔夫知识 | | 不同年龄段青少年校园高尔夫教学知识点 | | |
| --- | --- | --- | --- | --- |
| | | 5～8 岁 | 9～12 岁 | 13～16 岁 |
| 安全 | 练习过程中的安全 | • 挥动高尔夫球杆的危险<br>• 击出的高尔夫球的危险<br>• 球员都在击球时后方的安全线<br>• 注意旁观者的位置<br>• 听到"放下球杆"时全部停止击球<br>• 勿越过前方的安全线<br>• 不能对着他人练习空挥<br>• 挥杆前先观察四周<br>• 左手球员的站位<br>• 不击球时杆头朝上持杆 | 同"5～8 岁" | 同"5～8 岁" |
| | 高尔夫球场中的安全 | • 捡拾高尔夫球(不用球杆)<br>• 最少与安全线保持 2 米距离<br>• 挥杆前先观察四周<br>• 前方有人时需等其离开再挥杆<br>• 未轮到自己击球时的站位<br>• 何时需要喊"看球" | | |
| 礼仪 | 常规礼仪 | • 他人打球时不要说话<br>• 他人打球时不要移动<br>• 击球之间迅速移动<br>• 他人打出好球时予以赞扬<br>• 修复打飞的球道草<br>• 轮到自己打球时确保已做好准备 | • 他人打球时不要说话<br>• 他人打球时不要移动<br>• 击球之间迅速移动<br>• 他人打出好球时予以赞扬<br>• 修复打飞的球道草<br>• 轮到自己打球时确保已做好准备<br>• 跟上前一组球员的节奏<br>• 离开沙坑前耙平沙坑 | 同"9～12 岁" |

续表

| 需要在课程中传授的高尔夫知识 | | 不同年龄段青少年校园高尔夫教学知识点 | | |
|---|---|---|---|---|
| | | 5~8岁 | 9~12岁 | 13~16岁 |
| 礼仪 | 果岭上的礼仪 | ● 不要在果岭上奔跑 | ● 不要在果岭上奔跑<br>● 不要站在他人的推击线上<br>● 修复果岭上球的落痕 | 同"9~12岁" |
| 高尔夫规则知识传授① | | ● 记录自己的杆数<br>● 击打自己的球 | ● 记录自己的杆数<br>● 识别自己的球<br>● 学会瞄球<br>● 发球区<br>● 比杆赛<br>● 比洞赛<br>● 如何判定球出界<br>● 遗失球<br>● 水障碍 | ● 记录自己的杆数<br>● 识别自己的球<br>● 学会瞄球<br>● 发球区<br>● 比杆赛<br>● 比洞赛<br>● 如何判定球出界<br>● 遗失球<br>● 水障碍<br>● 整修地<br>● 不可打的球<br>● 妨碍物 |
| 建议击打洞数与长度：<br>3杆洞长度(最高)<br>4杆洞长度(最高)<br>5杆洞长度(最高) | | ● 1~3个洞<br>● 50yd(45.7m)<br>● 100yd(91.4m)<br>● 150yd(137.2m) | ● 1~9个洞<br>● 90yd(82.3m)<br>● 180yd(164.6m)<br>● 270yd(246.9m) | ● 3~18个洞<br>● 150yd(137.2m)<br>● 280yd(256.0m)<br>● 400yd(365.8m) |
| 可选的比赛形式 | | ● 轮流击球<br>● 最佳球位赛 | ● 轮流击球<br>● 最佳球位赛<br>● 四人两球赛<br>● 个人比杆赛 | ● 轮流击球<br>● 最佳球位赛<br>● 四人两球赛<br>● 个人比杆赛<br>● 个人比洞赛 |

---

① 注意:各个教练组最好在实战情况下将这些规则传授给学生。对于5~8岁的孩子来说,不能用严格的正式规则去要求他们。更加正式的规则应该通俗地传授给其他两个年龄段的学生。

# 第三节　校园高尔夫教学的实施

## 一、校园高尔夫的教学目标

校园高尔夫作为一门课程在校园内开展,必然需要有明确的教学目标——通过这门课程学生应掌握哪些内容。

### 1. 认知目标

了解高尔夫运动的起源与发展、规则与礼仪、基本技术。

### 2. 技能目标

学习高尔夫运动的基本技术动作,掌握适合自己且比较理想的挥杆动作。

### 3. 情感目标

激发学生对高尔夫运动的兴趣,培养学生勇敢顽强的意志品质、豁达亲和的处世风范、为他人着想和诚信的优秀品质,提升学生自我调控心理状态和自律的能力。

### 4. 体质目标

提高身体各器官的机能,增强体质,预防疾病。

## 二、教学纲要

在明确了教学目标之后,根据所需要掌握的内容,需要制定科学的教学纲要,从全局把控校园高尔夫课程的开展。

### 1. 概述

（1）高尔夫球运动概述

（2）高尔夫球运动的起源和发展趋势

（3）高尔夫球场概述

（4）高尔夫球员的基本装备

### 2. 礼仪与规则

（1）高尔夫球运动的基本礼仪

（2）高尔夫球运动的基本规则

（3）发球台规则及判例

（4）球道规则及判例

（5）果岭规则及判例

**3. 基本技术原理与分析**

（1）握杆:三种握杆方法;确定适合自身的握杆方式

（2）站姿:明确站姿对完成技术动作的重要性;正确站立

（3）挥杆:铁杆的基本技术;木杆的基本技术

（4）挥杆的基本技术

（5）挥杆动作的练习方法

**4. 技能的掌握、巩固与提高**

教学重点应放在第3、4部分,根据单次课的时长不同、学时不同,教练员应合理安排、整体把控,以便如期完成教学目标。

## 三、校园高尔夫的教学组织与实施

### 1. 教学大纲的制定

在对青少年群体进行系统高尔夫运动教学时,首先应该依据青少年球员群体的特点制定教学大纲,针对不同年龄、性别、球龄的球员,所制定的大纲也不一样。下面提供的是青年高尔夫球员启蒙阶段36学时的教学大纲,仅供参考。

### 案例:某某大学高尔夫普修课教学大纲

一、说明

课程定义:《校园高尔夫》普修课程是一门传授高尔夫球运动的基本知识、基本理论和基本技能,培养学生具有从事高尔夫基本教学、指导和训练工作的技能性课程,是根据《某某大学2016年某某专业本科人才培养方案》(2016年6月修订)制定的本科学生专业限选课程。

编写依据:本教学大纲根据《某某大学2016年某某专业本科人才培养方案》(2016年6月修订)编写。

目的任务：

1. 校园高尔夫普修课程应贯彻党的教育方针，教育学生热爱中国共产党，热爱社会主义，忠于党和国家的教育事业，培养学生诚信、自律、礼让、为他人着想、遵纪守法等良好作风。

2. 本课程以实践教学为主，理论教学为辅，学生通过一学期(学年)的学习，较系统地掌握高尔夫球运动的基本理论、基本原理与方法，了解现代高尔夫球运动的发展趋势。初步具备掌握高尔夫球运动技术理论和实践理论课的能力。

3. 通过高尔夫球运动技术的教学使学生初步掌握高尔夫球运动的基本挥杆技术，形成一个结构正确、节奏合理、实效性强的挥杆技术。为后阶段全面提高高尔夫专选班和专业班的高尔夫球运动水平打好基础。

4. 通过高尔夫球运动的心法教学，培养学生高度集中注意力和独立处理问题的能力。

5. 通过高尔夫球运动的礼仪教学，培养学生守时、好学、求真、礼让及为他人着想的优良品质。

6. 通过高尔夫球运动的教学实践，使学生基本具备讲解与示范正确动作、纠正错误动作以及组织与进行简单高尔夫技术教学工作的能力。

二、课程性质：专业"限选"课程

三、学时与学分：36学时，2学分。

四、教学安排与学时分配(表7-6)

表7-6　教学安排与学时分配

| 教学安排 | | 技术课 | 理论课 | 教法实践 | 小计 |
|---|---|---|---|---|---|
| 教学基本内容 | 第一章　高尔夫球运动概述 | | 0.5 | | 0.5 |
| | 第二章　高尔夫球运动基本原理 | | 0.5 | | 0.5 |
| | 第三章　高尔夫球运动击球技术基本理论知识 | | 3 | | 3 |
| | 第四章　高尔夫球运动基本握杆、站姿和瞄球、挥杆技术 | 18 | | | 18 |
| | 第五章　高尔夫球推杆技术 | 4 | | | 4 |
| | 第六章　高尔夫球运动教学实践 | | | 4 | 4 |

续表

| 教学安排 | 技术课 | 理论课 | 教法实践 | 小计 |
|---|---|---|---|---|
| 技术考核 | 6 | | | 6 |
| 合计（学时数） | 28 | 4 | 4 | 36 |

五、教学内容与知识点

（一）理论课教学内容（表7-7）

表7-7　理论课教学内容

| 章 | 节 | 知识点 |
|---|---|---|
| 第一章　高尔夫球运动概述 | 第一节　高尔夫球运动的起源与发展 | 高尔夫球运动的起源、发展与国内外发展现状简介 |
| | 第二节　高尔夫球运动的特征 | 贴近自然的运动、注重礼仪的运动、锻炼意志的运动 |
| | 第三节　高尔夫球具简介 | 高尔夫球与球杆的发展演变、分类、构造以及发展趋势等 |
| | 第四节　高尔夫规则与礼仪 | 高尔夫规则的主要内容与分类；高尔夫礼仪的主要内容与分类等 |
| | 第五节　高尔夫赛事与名人简介 | 高尔夫有影响力的系列赛以及著名赛事简介、高尔夫名人堂人员简介 |
| 第二章　高尔夫球运动基本原理 | 第一节　高尔夫击球定律 | 击球时的杆面方向、击球时的杆头路线、击球点、击球角度、杆头速度 |
| | 第二节　高尔夫飞行定律 | 击球时不同杆面方向和杆头路线形成的九条路线 |
| 第三章　高尔夫球击球技术基本理论知识 | 第一节　击球动作的整体结构简介 | 握杆、站位、站姿、瞄球、启杆、四分之一挥杆、半挥杆、四分之三挥杆、挥杆顶点、下挥杆、方正击球、送杆、收杆等关键技术 |
| | 第二节　高尔夫球运动击球前准备工作 | 三种基本握杆动作、三种基本站姿和瞄球关键技术 |
| | 第三节　高尔夫球运动四分之一挥杆技术 | 四分之一挥杆的动作要领、方法与教学训练 |
| | 第四节　高尔夫球运动半挥杆技术 | 半挥杆的动作要领、方法与教学训练 |
| | 第五节　高尔夫球运动全挥杆技术 | 全挥杆的动作要领、方法与教学训练 |

## （二）技术教学内容（表7-8）

表7-8　技术教学内容

| 章 | 节 | 知识点 |
|---|---|---|
| 第四章　高尔夫球运动基本握杆、站姿和瞄球、挥杆技术 | 第一节　握杆姿势 | 棒球式握杆、互锁式握杆和重叠式握杆；强势与弱势握杆；握杆三原则 |
| | 第二节　站位与站姿 | 开放式站位、封闭式站位与平行站位；站位与球位的关系；不同球位环境下站姿应注意事项 |
| | 第三节　瞄球 | 正确的瞄球次序、瞄球方法以及挥杆击球前的例行动作 |
| | 第四节　四分之一挥杆技术 | 击球前的准备技术、启杆技术、四分之一上杆技术、下杆击球与送杆、收杆、平衡等技术 |
| | 第五节　半挥杆技术 | 击球前的准备技术、启杆技术、半挥杆上杆技术、下杆击球、送杆、收杆技术以及其中的转身、用力、节奏和平衡等技术 |
| | 第六节　四分之三挥杆技术 | 击球前的准备技术、启杆技术、四分之三上杆技术、下杆击球、送杆、收杆技术以及其中的转身、用力、节奏和平衡等技术 |
| | 第七节　全挥杆技术 | 击球前的准备技术、启杆技术、全挥杆上杆技术、上杆顶点、下杆击球、送杆、收杆技术以及其中的转身、用力、节奏和平衡等技术 |
| | 第八节　高尔夫球运动教学实践 | 下场实践 |
| 第五章　高尔夫球推杆技术 | | 推杆的握杆、站位、身体的站姿以及钟摆式击球的技术动作，不同距离的挥杆幅度以及挥杆节奏 |
| 第六章　高尔夫球运动教学实践 | | 基本握杆、站姿、瞄球以及全挥杆教学要领与实践 |

### 六、考核方法与要求

（一）考核形式：平时考核与本课结业考核相结合。平时考核采取平时出勤率形式进行，本课程结业考核采用技术评定与技术达标相结合的形式进行。

（二）成绩计算：平时考核与本课程结结业考核的考试成绩比例为3:7，结业考核成绩（70分）中技术占70%。其中某一项考核或考试成绩不及格者不予评定总分。

（三）考核内容与具体要求

1. 平时成绩考核部分

由任课老师进行出勤率考核，评定平时成绩，总分 30 分。

2. 技术考核部分

整个技术考核分四部分完成，共 100 分，四门技术考核总成绩 85 分以上为优，75 分以上为良，60 分以上及格，60 分以下不及格。最后四门技术计评成绩总和乘以 70% 即得技术考核成绩。

（1）空挥杆技评（占 20 分）

标准：2 次/人，根据挥杆的正确性、合理性、稳定性、节奏感和协调性等五个方面来评定优劣。

（2）2.5yd（2.3m）推杆进洞（占 20 分）

标准：2 次/人，均要进洞，两次推球成绩相加来计评成绩，如推下果岭则罚 1 杆回原点重推。2 杆则为满分 20 分，3 杆 18 分，4 杆 16 分，以此类推。

（3）50yd（45.7m）短切杆（占 30 分）

标准：3 球/人，以击球后球的停止点离旗杆的距离远近来评定优劣。取其中最好的一个作为短切成绩。球停在 1yd（0.9m）半径范围内得 30 分，1.1～2yd（1～1.1m）范围 28 分，2.1～3yd（1.9～2.7m）范围内 26 分，以此类推。

（4）全挥杆计评（占 30 分）

标准：5 球/人，男子 7 号铁杆 140yd（128.0m）目标果岭，女子 7 号铁杆 100yd（91.4m）果岭，根据击球的实效性及最后停球地点评定击球效果，每球最高分值为 10 分，具体评分标准见表 7-9。

表 7-9 评 分 标 准

| 停球区 | 半径为 5yd（4.6m）的圈内 | 半径为 15yd（13.7m）的圈内 | 半径为 25yd（22.9m）的圈内 | 球过 100yd（91.4m）（女子 70yd（64m）且在规定落球区内 | 其他 |
|---|---|---|---|---|---|
| 得分 | 10 分 | 8 分 | 6 分 | 4 分 | 0 分 |

## 2. 教案的制定

在日常的教学课程当中,教练员应当对课程的时间和内容安排有一个清晰的把握,即需要一个教学方案,也就是教案。表 7-10 提供了一个教案模板。优秀的高尔夫教练员应该根据学生群体特点、知识技能掌握情况以及教学进度等在课前充分备课,科学制定每次课的教学目标、教学内容、重点、难点,并对课堂主体部分进行精心设计,同时积极钻研教学方法、组织方法,对学生的运动负荷、训练强度等有科学的分配。

表 7-10　校园高尔夫教案模板

| 姓名: | 日期: | 差点: |
|---|---|---|
| 地点: | 第(　)节课　共(　)节课 | 课程类型: |

主要教学目标:

A.

B.

C.

介绍:

| 时间(分钟): | 准备活动 | |
|---|---|---|
| | | |

| 时间(分钟): | 技术动作的练习/技术动作的示范 | |
|---|---|---|
| | 要点: | 设备/教学辅助器材: |

| 时间(分钟): | 练习方法/游戏/活动 | |
|---|---|---|
| | 要点: | 设备/教学辅助器材: |

教练员记录——回顾/评估:

球员的任务/下一节课开始前的目标:

### 3. 教学内容实施

虽然每一节课的内容都不尽相同,但是万变不离其宗,从科学安排的角度,从课程开始到课程结束的各项教学活动有一个应当遵循的先后顺序。表 7-11 清晰地展示了一门完整的校园高尔夫球运动课程应该具备的所有内容。教练员可根据实际教学情况制定自己的详细计划。

表 7-11  校园高尔夫球运动课程内容

| 时间 | | 人数 | | 课时 | | 场地 | |
|---|---|---|---|---|---|---|---|
| 教学目标 | 认知目标:了解高尔夫球运动的起源与发展、规则与礼仪、基本技术<br>技能目标:学习高尔夫球运动的基本技术动作,掌握适合自己且比较理想的挥杆动作<br>情感目标:激发学生对高尔夫运动的兴趣,培养学生勇敢顽强的意志品质和豁达亲和的处世风范,培养学生诚信品质,提升学生自我调控心理状态和自律能力,并培养能够为他人着想的优秀品质<br>体质目标:提高身体各器官的机能,增强体质,预防疾病 |||||||
| 教学内容<br>(可按教学进度进行科学选择) | 1. 高尔夫的起源以及发展、现状概述(高尔夫球运动概述;高尔夫球运动的起源和发展趋势;高尔夫球场概述;高尔夫球员的基本装备)<br>2. 高尔夫球运动礼仪与规则(高尔夫球运动的基本礼仪;高尔夫球运动的基本规则;发球台规则及判例;球道规则及判例;果岭规则及判例)<br>3. 挥杆前的技术准备(高尔夫击球准备站姿;高尔夫击球握杆方法;高尔夫击球瞄球方法)<br>4. 挥杆技术与原理(上杆技术与原理;下杆技术与原理;送杆与收杆技术与原理)<br>5. 1/4 挥杆与半挥杆(1/4 挥杆技术与练习;半挥杆技术与练习)<br>6. 3/4 挥杆与全挥杆(3/4 挥杆技术与练习;全挥杆技术与练习)<br>7. 挥杆技术要点分析与练习(转体与重心转移;挥杆节奏)<br>8. 短杆技术与练习(切滚球技术与练习;劈起球技术与练习;高抛球技术与练习;距离的控制方法)<br>9. 中铁杆技术与练习(6 号铁杆技术与练习;7 号铁杆技术与练习;8 号铁杆技术与练习)<br>10. 短铁杆技术与练习(9 号铁杆技术与练习;P 杆技术与练习;A 杆技术与练习;S 杆技术与练习)<br>11. 推杆技术与练习(推杆基本技术;推杆推击距离的控制;解读果岭与判断推击线)<br>12. 长铁杆技术与练习(3 号铁杆技术与练习;4 号铁杆技术与练习;5 号铁杆技术与练习) |||||||

| | |
|---|---|
| 教学内容<br>（可按教学<br>进度进行科<br>学选择） | 13. 木杆技术与练习（1 号木杆技术与练习；3 号木杆技术与练习：5 号木杆技术与练习）<br><br>14. 沙坑球技术与练习（判断沙坑状况；沙坑中间球位处理与练习；沙坑边缘球位处理与练习）<br><br>15. 复杂球位处理与练习（上坡球位处理与练习；下坡球位处理与练习；人高球低球位处理与练习；人低球高球位处理与练习）<br><br>16. 常见错误动作与纠正方法（握杆、站姿、瞄球错误与纠正方法；上杆错误与纠正方法；下杆错误与纠正方法；送杆与收杆错误与纠正方法）<br><br>17. 下场实践教学（铁杆、木杆以及推杆技术的实际运用；简单的场下策略；高尔夫球规则的运用）<br><br>18. 技术考核（铁杆技术考核；木杆技术考核；短杆技术考核；推杆技术考核） |
| 教学重点<br>（可按教学<br>进度进行科<br>学选择） | 1. 高尔夫球运动现状及发展趋势（高尔夫球运动的起源以及发展、现状概述）<br><br>2. 高尔夫球运动礼仪、着装以及常用规则（高尔夫球运动礼仪与规则）<br><br>3. 站姿的要求（挥杆前的技术准备）<br><br>4. 起杆上杆、下杆击球以及送杆前挥的技术（挥杆技术与原理）<br><br>5. 上杆顶点、击球点以及送杆前挥的控制（1/4 挥杆与半挥杆）<br><br>6. 上杆顶点、击球点以及送杆前挥的控制（3/4 挥杆与全挥杆）<br><br>7. 转体发力和挥杆节奏的掌握（挥杆技术要点分析与练习）<br><br>8. 短杆击球的基本技术（短杆技术与练习）<br><br>9. 各种铁杆的基本击球技术和挥杆过程的把握（中铁杆技术与练习）<br><br>10. 各种铁杆的基本击球技术和挥杆过程的把握（短铁杆技术与练习）<br><br>11. 推杆的基本技术以及推杆推击距离的控制（推杆技术与练习）<br><br>12. 各种铁杆的基本击球技术和挥杆过程的把握（长铁杆技术与练习）<br><br>13. 各种木杆的击球基本技术（木杆技术与练习）<br><br>14. 沙坑球击球的基本技术（沙坑球技术与练习）<br><br>15. 上坡球位和下坡球位的击球技术（复杂球位处理与练习）<br><br>16. 各种错误的纠正方法（常见错误动作与纠正方法）<br><br>17. 将各种挥杆运用到实际下场击球过程中（下场实践教学）<br><br>18. 让球员发挥出自己的正常水平（技术考核） |

续表

| 教学难点（可按教学进度进行科学选择） | 1. 高尔夫球具的选择和用途（高尔夫的起源以及发展、现状概述）<br>2. 高尔夫规则罚杆、补球点以及判例的掌握（高尔夫运动礼仪与规则）<br>3. 握杆的手形（挥杆前的技术准备）<br>4. 上杆顶点、释放和送杆的掌握（挥杆技术与原理）<br>5. 避免外上、外下以及击厚和击薄（1/4 挥杆与半挥杆）<br>6. 避免外上、外下以及击厚和击薄（3/4 挥杆与全挥杆）<br>7. 重心转移的感受和挥杆节奏的掌握（挥杆技术要点分析与练习）<br>8. 短杆击球的距离控制（短杆技术与练习）<br>9. 铁杆向下击球和避免外下、外上以及送杆前挥（中铁杆技术与练习）<br>10. 铁杆向下击球和避免外下、外上以及送杆前挥（短铁杆技术与练习）<br>11. 推击线的判断（推杆技术与练习）<br>12. 铁杆向下击球和避免外下、外上以及送杆前挥（长铁杆技术与练习）<br>13. 1 号木杆向上击球和木杆扫击的掌握（木杆技术与练习）<br>14. 沙坑球击球的基本技术和准备姿势（沙坑球技术与练习）<br>15. 长草球位的击球技术（复杂球位处理与练习）<br>16. 如何找出动作中存在的错误（常见错误动作与纠正方法）<br>17. 将各种挥杆运用到实际下场击球过程中（下场实践教学）<br>18. 让球员发挥出自己的正常水平（技术考核） |
|---|---|

| 内容顺序 | 活动内容 | 教师活动 | 学生活动 | 组/次 | 时间/min | 强度 |
|---|---|---|---|---|---|---|
| 准备部分（可按教学进度进行科学选择） | 1. 课堂常规,宣布课堂学习内容 | | 具体训练方法请参考第6章 | 参考第6章 | 2 | 无 |
| | 2. 伸展热身运动（形式：颈部拉伸；肱三头肌拉伸；手腕拉伸；肩部拉伸；背部拉伸；胸部拉伸；躯干拉伸；大腿后侧拉伸；腘绳肌拉伸；小腿拉伸） | | | | 5 | 低 |
| | 3. 趣味游戏训练（任选一种：手眼、脚眼协调游戏训练；跑、跳游戏训 | | | | 16 | 中等 |

续表

| 内容顺序 | 活动内容 | 教师活动 | 学生活动 | 组/次 | 时间/min | 强度 |
|---|---|---|---|---|---|---|
| 准备部分（可按教学进度进行科学选择） | 练；素质游戏训练；稳定性游戏训练；高尔夫体验游戏训练；高尔夫推、切、全挥杆游戏训练等） | | | | | |
| 基本部分（可按教学进度进行科学选择） | 第一部分<br>1. 高尔夫的起源以及发展、现状概述<br>2. 高尔夫运动礼仪与规则<br>3. 挥杆前的技术准备<br>4. 挥杆技术与原理<br>5. 1/4 挥杆与半挥杆<br>6. 3/4 挥杆与全挥杆<br>7. 挥杆技术要点分析与练习<br>8. 短杆技术与练习<br>9. 中铁杆技术与练习<br>10. 短铁杆技术与练习<br>11. 推杆技术与练习<br>12. 长铁杆技术与练习<br>13. 木杆技术与练习<br>14. 沙坑球技术与练习<br>15. 复杂球位处理与练习<br>16. 常见错误动作与纠正方法<br>17. 下场实践教学<br>18. 技术考核<br><br>第二部分<br>分配打位进行练习 | 讲解示范；指导纠正 | 具体训练方法请参考第 4、5 章 | 参考第 4、5 章，据学生具体情况而定 | 15<br><br>35 | 低<br><br>中等 |

续表

| 内容顺序 | 活动内容 | 教师活动 | 学生活动 | 组/次 | 时间/min | 强度 |
|---|---|---|---|---|---|---|
| 基本部分（可按教学进度进行科学选择） | 第三部分<br>1. 上下肢与核心力量训练（选择其中 1～2 种进行：上肢训练；下肢训练；核心力量训练）<br>或<br>2. 综合训练（可选：交叉训练；综合力量训练） | | 具体训练方法请参考第 6 章 | 参考第 6 章 | 10 | 中等 |
| 结束部分（可按教学进度进行科学选择） | 1. 拉伸放松（可选：颈部拉伸；肱三头肌拉伸；手腕拉伸；肩部拉伸；背部拉伸；胸部拉伸；躯干拉伸；大腿后侧拉伸；腘绳肌拉伸；小腿拉伸）<br>2. 课堂常规（课堂总结；布置作业；下课解散） | | 具体训练方法请参考第 6 章 | 参考第 6 章 | 5<br><br>2 | 低<br><br>无 |
| 教学回顾与结果评价 | | | | | | |

　　短暂的课堂学习只是高尔夫学习之路上很小一部分,老师、教练员及家长需要鼓励学生在课余时间多参与高尔夫球运动技术的训练。课后加强练习才是球技提升的根本之道。

# 第四节　校园高尔夫的主要授课类型

## 一、单独授课

单独授课就是一名教练员只教一名学员。这种授课方式能为上课的学员提供大量信息。单独授课的关键是了解怎样授课更适合学员,让他能快速取得进步。教练员需要为单独授课创造活力,在深入了解学员现有技术水平基础上最大限度地提高其竞技能力。大家对单独授课经常提出的问题见表7-12。

表7-12　对单独授课经常提出的问题

| 为什么需要单独授课? | 球员希望教练在上课的全部时间内把注意力集中在自己身上,他们不愿意与别人分享教练时间<br>给球员们以特殊关照<br>球员是狂热的高尔夫球爱好者,他们渴望提高 |
| --- | --- |
| 什么技术水平的高尔夫球员最适合接受单独授课? | 各种技术水平,尤其是中等水平和高级水平;初学者可能感到单独授课内容的负担过重,集体授课和单独授课相结合更行之有效 |
| 单独授课的理想时间是多长? | 初学者:30分钟/课<br>挥杆诊断:30分钟/课<br>标准授课时间:60分钟/课<br>多项内容课程:90~300分钟/课 |

## 二、集体授课

### 1. 数名学员的小班授课

通常2~3人,时间至少需要60分钟。这种方式实际上是一种以小型的单独授课为基础的授课形式,每个学员在集体授课中分散开来进行单独授课。

### 2. 高尔夫兴趣班

这种方式通常适合6~20人,上课时间一般在60分钟以上,一般由教练员示范、组织与实施,然后指导学员进行专项练习。根据班级人数的多少,每个学员与教练员一对一的时间在3~8分钟。

### 3. 高尔夫学院授课

上课的学员通常为3~8人,相关课程内容经过精心设置,用手册的形式实施教学。这种教学方式持续周期比较长,短则3小时到数天,长则1~4

学期不等。大家对集体授课经常提出的问题见表 7-13。

表 7-13　对集体授课经常提出的问题

| | |
|---|---|
| 为什么有球员愿意集体授课？ | 他们认为在集体的环境中可以学得更好<br>减少开支<br>希望一次课获得大量信息<br>希望得到专业教练员的指导 |
| 什么技术水平的高尔夫球员最适合接受集体授课？ | 初学者适合<br>中等水平的球员一般更愿意单独授课<br>高级水平球员不太适合，除非是一个高级教学班或提高班 |
| 集中授课的理想时间是多长？ | 初学者：60～90 分钟/课<br>高级班：120～300 分钟/课<br>多层次学员一起上课：90～120 分钟/课 |

## 三、下场授课

下场授课包括观察学员打高尔夫球的整个过程，教练员可以示范也可以不示范，这种方式可以采取集体授课或单独授课形式进行。观察学员打球时可以得到相关学员技战术水平的详细信息，从而制定教学内容，帮助学员提高技战术水平。大家对下场授课经常提出的问题见表 7-14。

表 7-14　对下场授课经常提出的问题

| | |
|---|---|
| 为什么有人需要下场授课？ | 在下场实践击球方式选择和击球线路选择等方面需要提高<br>击球好，但成绩差<br>高尔夫新手，希望知道在球场不同的地方如何击球和什么时候用何种方法击球<br>高级水平球员，有需要改进的特殊击球方式或方法<br>需要学习科学的技战术、策略以及克服心理障碍等 |
| 什么技术水平的高尔夫球员最适合接受下场授课？ | 这种方式对各种水平的高尔夫球员都有利；对刚接触高尔夫的初学者意义不大，因为他们还不具备下场的基本能力 |
| 下场授课的理想时间是多长？ | 90～300 分钟，可以安排得更短一点，但这种授课方式比标准课程消耗时间更多 |

# 第五节　校园高尔夫的教学考核

在整个课程结束之后,为了了解学生的学习效果,我们需要采用过程性以及结果性定量评定方法对教学成果进行评价与考核,同时就学生对课程内容的掌握水平进行定性评估。具体评分标准参见表 7-15 至表 7-20。

表 7-15　过程性定量评分标准——精准度评价

| 分数 | 标准 |
| --- | --- |
| 100~91 | 用正确方法使用 1 号木杆击 10 球,击实 8 球<br>用正确方法使用 7 号铁杆击 10 球,击实 8 球<br>用正确方法使用推杆推 10 球,8 球入洞 |
| 90~81 | 用正确方法使用 1 号木杆击 10 球,击实 7 球<br>用正确方法使用 7 号铁杆击 10 球,击实 7 球<br>用正确方法使用推杆推 10 球,7 球入洞 |
| 80~71 | 用正确方法使用 1 号木杆击 10 球,击实 6 球<br>用正确方法使用 7 号铁杆击 10 球,击实 6 球<br>用正确方法使用推杆推 10 球,6 球入洞 |
| 70~61 | 用正确方法使用 1 号木杆击 10 球,击实 5 球<br>用正确方法使用 7 号铁杆击 10 球,击实 5 球<br>用正确方法使用推杆推 10 球,5 球入洞 |
| 60~51 | 用正确方法使用 1 号木杆击 10 球,击实 4 球<br>用正确方法使用 7 号铁杆击 10 球,击实 4 球<br>用正确方法使用推杆推 10 球,4 球入洞 |
| 50 分<br>及以下 | 用正确方法使用 1 号木杆击 10 球,击实不足 4 球<br>用正确方法使用 7 号铁杆击 10 球,击实不足 4 球<br>用正确方法使用推杆推 10 球,不足 4 球入洞 |

表 7-16　过程性定性评价标准——动作熟练程度

| 成绩 | 标准 |
| --- | --- |
| 优 | 身体重心移动、击球部位、挥杆动作完成正确自如 |

续表

| 成绩 | 标准 |
|---|---|
| 良 | 身体重心移动、击球部位、挥杆动作完成正确 |
| 及格 | 身体重心移动、击球部位、挥杆动作完成基本正确 |
| 不及格 | 身体重心移动、击球部位、挥杆动作不能完成 |

表 7-17　1 号木杆击球距离结果性定量评分标准（单位：yd，1yd ≈ 0.914m）

| 分数 | 5~8 岁标准 | 9~12 岁标准 | 13~16 岁男性标准 | 13~16 岁女性标准 | 成人男性标准 | 成人女性标准 |
|---|---|---|---|---|---|---|
| 100~91 | 100~91 | 150~141 | 230~221 | 210~201 | 250~241 | 230~221 |
| 90~81 | 90~81 | 140~131 | 220~211 | 200~191 | 240~231 | 220~211 |
| 80~71 | 80~71 | 130~121 | 210~201 | 190~181 | 230~221 | 210~201 |
| 70~61 | 70~61 | 120~111 | 200~191 | 180~171 | 220~211 | 200~191 |
| ≤60 | 60 | ≤110 | ≤190 | ≤170 | ≤210 | ≤190 |

表 7-18　7 号铁杆击球距离结果性定量评分标准（单位：yd，1yd ≈ 0.914m）

| 分数 | 5~8 岁标准 | 9~12 岁标准 | 13~16 岁男性标准 | 13~16 岁女性标准 | 成人男性标准 | 成人女性标准 |
|---|---|---|---|---|---|---|
| 100~91 | 50~46 | 100~96 | 150~146 | 130~126 | 170~166 | 150~146 |
| 90~81 | 45~41 | 95~91 | 145~141 | 125~121 | 165~161 | 145~141 |
| 80~71 | 40~36 | 90~86 | 140~136 | 120~116 | 160~156 | 140~136 |
| 70~61 | 35~31 | 85~81 | 135~131 | 115~111 | 155~151 | 135~131 |
| ≤60 | ≤30 | ≤80 | ≤130 | ≤110 | ≤150 | ≤130 |

表 7-19　30yd 短杆切球靠近目标距离结果性定量评价标准

（单位：yd，1yd ≈ 0.914m）

| 分数 | 5~8 岁标准 | 9~12 岁标准 | 13~16 岁标准 | 成人标准 |
|---|---|---|---|---|
| 100~91 | 0.0~3.0 | 0.0~2.0 | 0.0~1.5 | 0.0~1.0 |
| 90~81 | 3.1~6.0 | 2.1~4.0 | 1.6~3.0 | 1.1~2.0 |
| 80~71 | 6.1~9.0 | 4.1~6.0 | 3.1~4.5 | 2.1~3.0 |

续表

| 分数 | 5~8岁标准 | 9~12岁标准 | 13~16岁标准 | 成人标准 |
|------|-----------|-------------|---------------|----------|
| 70~61 | 9.1~12.0 | 6.1~8.0 | 4.6~6.0 | 3.1~4.0 |
| ≤60 | ≥12.1 | ≥8.1 | ≥6.1 | ≥4.1 |

表7-20　切推进洞所用杆数（4个洞）结果性定量评价标准（单位：杆）

| 分数 | 5~8岁评分标准 | 9~12岁评分标准 | 13~16岁评分标准 | 成人评分标准 |
|------|---------------|------------------|-------------------|----------------|
| 100 | 12 | 9 | 8 | 8 |
| 90 | 14 | 11 | 10 | 10 |
| 80 | 16 | 13 | 12 | 12 |
| 70 | 18 | 15 | 14 | 14 |
| 60 | 20 | 17 | 16 | 16 |

# 第八章　城市高尔夫数字化教学

## 一、什么是城市高尔夫数字化教学

高尔夫球运动对青少年的教育意义在前面已经做了详细的阐述,鉴于中国地少人多的国情,我们没有条件建设很多社区球场或公众球场给孩子们打球。国内学校条件最好的高尔夫设施也不过是拥有专业的练习场或非标准的九洞球场。设施简陋、条件艰苦是国内绝大部分学校的现状。但这些都没有阻挡中国人对高尔夫球运动的热爱,大家因地制宜,迎难而上,创造条件开展青少年高尔夫教育。目前比较普遍的解决方案是应用城市高尔夫数字化教学设备,也就是高尔夫模拟器进行教学。

## 二、学校为什么选择城市高尔夫数字化教学

在学校里,最常见的高尔夫设施是打击笼,简单便宜,需要的场地很小,请来一位教练,就可以把高尔夫课开起来了。几十个学生在操场上排成阵列,每人拿支球杆,教练吹一下口哨,学生们就转换一下挥杆姿势,一学期16堂课下来,挥杆的几个基本动作就掌握了。学生们学会高尔夫了吗?学高尔夫主要目的是什么?他们需要掌握哪些知识呢?

首先,孩子们需要了解高尔夫文化,包括高尔夫球运动的起源、发展历程、传播途径,高尔夫礼仪,高尔夫精神,高尔夫规则,高尔夫历史人物,重要赛事,重大历史事件,以及知名球场等。

其次,孩子们需要学会高尔夫的打球技能,掌握1号木开球,球道木杆、铁杆的使用,还有沙坑击球、短切等各种打球的技术。

还有,高尔夫是一项体育运动,孩子们需要掌握基本的体育运动知识,学会提升自己的身体协调力、爆发力和控制力,懂得防范运动伤害和如何处

理基本的运动创伤。

最后，孩子们需要懂得欣赏高尔夫赛事，就像足球，你不一定是个优秀的足球运动员，但你一定是一位优秀的足球爱好者，这样你才能在足球运动中获得乐趣。

这一切的学习，城市高尔夫数字化教学方案都能解决。高尔夫教学需要的场地、教材和教师的问题都迎刃而解。

城市高尔夫数字化教学设备是一台完美的练习设备，模拟了练习场练习、球场练习、推杆练习、切球练习和最近洞练习，并可以对所有练习的过程和结果做好记录，保存在学生的个人云空间里。

城市高尔夫数字化教学设备也是一个完美的互联网多媒体教室，知名教练和高尔夫专家们精心设计和制作的高尔夫课程，可以通过大屏幕展示在学生们面前，现场教师可以根据学生们的学习进度选择不同的课程，不仅有技能教学，也有文化教学，以及赛事鉴赏。

城市高尔夫数字化教学设备还是一个全天候的比赛场地，可以发起班级赛事、校级赛事，以及全国赛事。

同时，这个设备也是一个高尔夫等级考试的考场，老师们可以参照青少年高尔夫等级考试标准，对孩子们进行等级测试，全面掌握学生的学习进度和成果。

## 三、城市高尔夫数字化教学运行模式

### 1. 运行原理

与练习场传统的一对一教学模式不同，在学校，每个班都有 40 名甚至更多的学生，教学难度比较大，因此智慧课堂和互联网教学管理显得尤为重要。

城市高尔夫数字化教学设备、智慧课堂和校园简易练习场就是城市高尔夫数字化教学的基础设施。

城市高尔夫数字化教学设备包含城市高尔夫软件、高速摄像感测器、推杆系统、自动上球系统、外置功能键、投影仪、专业服务器、幕布、打击垫等（图 8-1-1）。

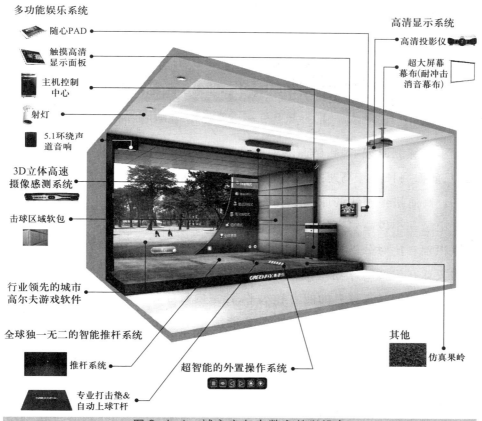

多功能娱乐系统
随心PAD
触摸高清显示面板
主机控制中心
射灯
5.1环绕声道音响
3D立体高速摄像感测系统
击球区域软包
行业领先的城市高尔夫游戏软件
全球独一无二的智能推杆系统
推杆系统
专业打击垫&自动上球T杆

高清显示系统
高清投影仪
超大屏幕幕布(耐冲击消音幕布)

超智能的外置操作系统

其他
仿真果岭

图 8-1-1　城市高尔夫数字教学设备

其中城市高尔夫软件、高速摄像感测器（图 8-1-2）、专用服务器和投影仪是核心设备。软件开发工程师通过雷达扫描技术和三维成像技术，用特殊的游戏软件将现实中的高尔夫球场在虚拟世界中重现出来，球场的起伏造型、场地内各种场景、物件及标示等都完整无误地呈现在眼前。随着视角的改变，球员仿佛可以走进球场，虚拟的球在球场内飞行、弹跳、碰撞，和风、水、草地、沙坑、树林的物理交互与现实中一模一样。我们用真实的球杆，真实的挥杆动作,将真实的球打出去,球撞到幕布后掉下来,屏幕里面会自动生成一颗虚拟的球,沿着原来那颗球的飞行轨迹继续前进,就好像在球场里打球一样。这种模拟的效果非常逼真,让人在家里、社区以及办公室也可以打高尔夫球。为了与乡村高尔夫区分,我们称之为城市高尔夫。

图 8-1-2　感测器

根据感测原理不同,感测器一般分红外感测、雷达感测及高速摄像感测三种,前面两种随着高速摄像技术的成熟与完善,日渐淡出主流城市高尔夫设备。高速摄像感测的原理是使用双目高速摄像机,用每秒 2 000 帧以上的速度记录一小段高尔夫球的飞行轨迹,然后根据这个轨迹的影像资料,使用图像识别和比对分析技术,将高尔夫球的完整轨迹计算出来,让一颗虚拟的高尔夫球在虚拟的球场中飞行。感测技术的进步让我们能在室内空间,准确地分析和记录打球者的能力和水平,让室内教球和学球变得非常方便。

好的城市高尔夫数字化教学设备能够给出如下数据:杆头速度、球速、起飞角度、左右偏角、侧旋、倒旋、飞行距离、总距离等。

**2. 主要教学模式**

(1) 练习场模式

练习场模式可以记录球员的每一次挥杆动作,并将动作视频上传到个人云空间,在屏幕上将选手的挥杆动作进行各种对比分析,找出每次打球的缺陷或不同,以便纠正错误的动作,提高水平。也可以记录球员每次打球的数据,根据数据分析的结果,判断他学球和练球的效果。在练习场模式下可以进行各种球杆的训练,不断提高球员的动作稳定性和规范性,如图 8-1-3 至图 8-1-8。

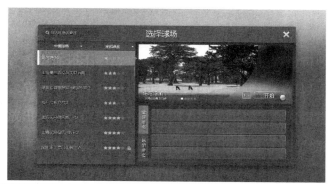

图 8-1-3　城市高尔夫设备练习场模式进入界面

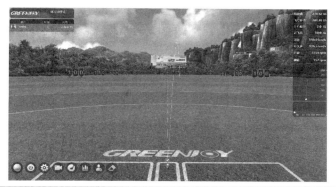

图 8-1-4　城市高尔夫设备练习场模式主界面

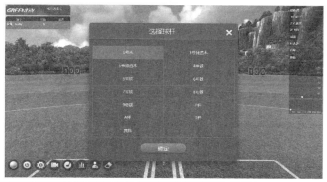

图 8-1-5　城市高尔夫设备练习场模式选杆界面

图 8-1-6 城市高尔夫设备练习场模式数据分析界面

图 8-1-7 城市高尔夫设备练习场模式图表分析界面

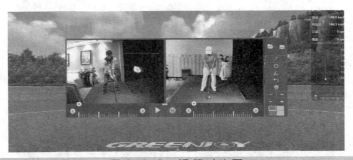

图 8-1-8 视频对比图

（2）球场模式

在球场模式下球员可以选择很多球场，如图 8-1-9，还可以选择不同的发球台。与乡村高尔夫不同，一般球场模式最多允许 8 人同组打球，软件会自动按照高尔夫规则计算每个人的成绩。优秀的软件还可以选择不同的比赛模式，比如比洞赛、比杆赛、四人拉斯、三人斗地主等，并根据规则自动识别哪位是"地主"，进行自动配组（图 8-1-10）。

图 8-1-9　城市高尔夫设备球场模式进入界面

图 8-1-10　城市高尔夫设备球场模式界面

　　球场模式的比赛规则和乡村高尔夫一样，不同的是它对沙坑、草坑、长草区、斜坡球位的模拟与现实略有差别，一般参加城市高尔夫得到的成绩会比乡村高尔夫要好一些。

　　切杆模式中，我们可以选择球场的任意一点，包括果岭上的位置，反复练习，模拟现实球场打球。这个模式下，我们还可选择果岭边练球，可以练不同距离需要的挥杆幅度，也可以练习如何越过沙坑或罚杆区攻击果岭，练习不同距离下的挥杆方式（图8-1-11，图8-1-12）。

图8-1-11　切推模式进入界面

图8-1-12　切推模式球场界面

全球赛事包括官方赛、球馆赛和挑战赛,如图 8-1-13。官方赛由城市高尔夫数字化教学设备开发者发起,全球都可以参与,一般会有丰厚的奖金或奖品,竞争也比较激烈,是规模最大的赛事。

图 8-1-13 城市高尔夫数字化教学设备赛事界面

挑战赛由个人通过手机 APP 发起,面向全网球友或定向邀请好友,个人设置奖金或奖品,一般是朋友圈里的私人赛事,适合几位朋友互相比赛,如图 8-1-14。

图 8-1-14 手机 APP 网络平台

会所赛事是指在特定的设备之间进行的赛事,不一定在同一个物理空间,有的连锁经营品牌也会发起会所赛事。

(3)推杆模式

推杆的重要性怎么强调都不为过,但是建造一个合格的推杆场地对学校来讲也不容易,城市高尔夫数字化教学设备包含了推杆模式,即有一个智能推杆平台。该平台可以根据球场球洞附近果岭的坡度变换而自动调整,达到练习不同坡度、不同距离的果岭推杆的目的。系统自带多种比赛模式,增强球员的学习、竞赛乐趣(图8-1-15至图8-1-19)。

图8-1-15　推杆模式选择

图8-1-16　比赛球员登入系统

图 8-1-17　推杆成绩

图 8-1-18　智能推杆平台

图 8-1-19　智能推杆平台可根据球场果岭实际坡度进行相应变化

### 3. 城市高尔夫数字化教学的特色

（1）互联网教学：实现联网打球、教学数据存储与分析等功能。

（2）教学大数据统计：包含了个人练习场统计和球场打球数据统计，如图 8-1-20、图 8-1-21。

图 8-1-20　联网教学手机端

图 8-1-21　联网教学设备端

（3）后台教学管理：包含学生信息查询、课程课表及预约管理、考试管理等功能，如图 8-1-22。

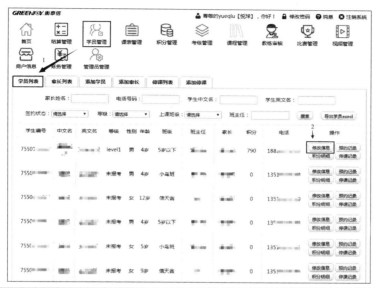

图 8-1-22 后台管理系统

（4）高度仿真的模拟球场：对真实球场测绘，1∶1 建模制作；145 家中外球场，不断实时更新；模拟创新儿童球场、卡通球场、青少年定制化球场，如图 8-1-23。

图 8-1-23 儿童球场

（5）果岭真实推球：完整的 18 洞练习与体验，如图 8-1-24。

图 8-1-24　智能推杆平台

（6）联网赛事：团队赛、班级赛、校际赛、城际赛、队际赛、全国赛等多种赛事；总杆赛、净杆赛、最近旗杆、最远距离、最多小鸟球、一杆进洞等多种比赛模式；多人游戏模式（三人斗地主、四人拉斯等）诸多比赛形式排名实时更新（图 8-1-25）。

图 8-1-25　城市高尔夫 APP 赛事界面

（7）在线视频教学课程：由原高尔夫球国家女队队长黎佳韵和国内知名教练主讲，课程涵盖最基础的握杆、挥杆、切杆、推杆动作，以及高尔夫礼仪、高尔夫安全等内容，并持续丰富和更新，让教学过程更科学、更轻松（图8-1-26）。

## 悦球教学课程目录

**推杆训练：**
1. 推杆：握杆与站姿 Grip and setup of putting
2. 推杆：瞄球 Putting Aim
3. 推杆：钟摆动作 Pendulum technique of putting
4. 推杆：加速运动 Puttwith natural Acceleration
5. 推杆：杆头轨迹 Putting Path
6. 推杆：一致性训练 Putt with body turn
7. 推杆：节奏训练 Putting Tempo

8. 推杆：基础果岭阅读 Green Reading
9. 推杆：看线流程 Routine of Green reading
10. 推杆：推击流程 Routine of putting
11. 推杆：距离控制（上）Speed control of putting Ⅰ
12. 推杆：距离控制（下）Speed control of putting Ⅱ
13. 推杆：专注度训练 Putting drills for focus
14. 推杆：专注度训练 Putting drills for visualization
15. 推杆：方向训练 Putting Drills for direction

**挥杆训练：**
1. 全挥杆：握杆 Grip of Golf swing
2. 全挥杆：站姿（上）Setup of Golf swing Ⅰ
3. 全挥杆：站姿（下）Setup of Golf swing Ⅱ
4. 全挥杆：瞄准 Golf swing Alignment
5. 全挥杆：七步全景展示7 motions of Golf swing
6. 全挥杆：四分之一挥杆 Takeaway
7. 全挥杆：二分之一上杆 Half back swing
8. 全挥杆：上杆顶点Top
9. 全挥杆：下杆启动 Tramsition
10. 全挥杆：击球瞬间 Impact

11. 全挥杆：收杆姿势 Finished
12. 全挥杆：慢速挥杆法 Slow motion drill
13. 全挥杆：方向和弹道 The ball flight Law
14. 全挥杆：一号木 Driver
15. 全挥杆：速度训练 Golf drills for increased speed
16. 全挥杆：记分卡的使用 How to use Score card
17. 全挥杆：场地策略 Golf course strategy
18. 全挥杆：挥杆的平和陡 Swing plant Law
19. 全挥杆：平衡训练 Swing drills for improve balance
20. 全挥杆：节奏训练 Swing drills for swing tempo
21. 全挥杆：紧张度训练 Swing drills for

**切杆训练：**
1. 切杆：握杆与站姿 Grip and Setup of chipping
2. 切杆：稳定训练 Improve Chipping consistency
3. 切杆：弹道控制 Chipping with your body
4. 切杆：一致性训练 Chipping with body turn
5. 切杆：选杆策略 Chipping Strategy
6. 切杆：反弹角 Bounce angle of Your chipping
7. 切杆：硬地和长草打法 Hard grand and Rough of chipping
8. 切杆：果岭沙坑（上）Greenside Bunker Ⅰ
9. 切杆：果岭沙坑（下）Greenside Bunker Ⅱ

10. 切杆：荷包蛋打法 Plugged Bunker shot
11. 切杆：斜坡沙坑打法 Downhill Bunker
12. 切杆：劈起球 Pitching
13. 切杆：劈起球纠错与训练 Pitching Drills
14. 切杆：高抛球 Lob shot
15. 切杆：高效训练 Train Chipping Efficiently
16. 切杆：特殊球位（上）Special Lies Ⅰ
17. 切杆：特殊球位（下）Special Lies Ⅱ
18. 切杆：远距离沙坑球 Long Bunker shot

图8-1-26　在线视频教学课程

（8）高帧视频教学工具：提供无拖影的高清视频动作逐帧播放，可以对每一帧动作进行画线、画圆等操作，并提供标准教练动作视频的对比。同时提供视频的云存储和微信分享，方便教练对每个学员的动作进行点评和指导纠正，并通过视频分享，加强教练、学员、家长之间的教学互动（图 8-1-27）。

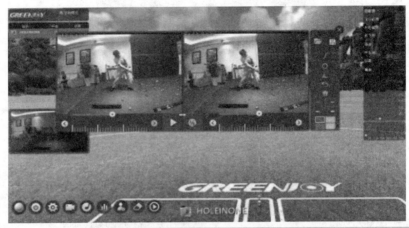

图 8-1-27　高帧视频教学工具

# 附录一 世界知名高尔夫球赛事及国内外高尔夫球名人

世界知名高尔夫球赛事

国内外高尔夫球名人

# 附录二　常用高尔夫球专业术语

**Address**　瞄球,击球前准备动作

**Albatross**　信天翁,指某一洞的成绩比标准杆低 3 杆,也称为双鹰球(Double Eagle)

**Amateur**　业余球员

**Arc**　挥杆时,杆头经过的挥杆轨道

**Attest**　比赛结束后计分员检查双方球员积分卡证明"无误"

**Attend**　照管旗杆,同组球员推球时帮助扶旗杆或拔旗杆的行为

**Back spin**　后旋球、回旋球

**Back swing**　上挥杆

**Ball mark**　球位标记

**Beginner**　初学者

**Birdie**　小鸟球,指某洞的成绩低于标准杆 1 杆

**Blind Hole**　盲打球洞,由于树木或地形起伏看不见落点的时候,球员只能盲打

**Bogey**　博基,也称"柏忌",高于标准杆 1 杆

**Bunker**　沙坑

**Caddie**　球僮

**Caddie Fee**　球僮费

**Card**　记分卡

**Carry**　球的飞行距离,击球后球空中飞行及落到地面的距离,不包含滚动距离

**Cart**　球车

**Casual water**　临时积水区

**Chip**　起扑球、切击球

**Closed**　杆面朝内侧关闭,击球准备时杆面指向目标左侧

**Closed stance**　闭合式击球站姿,左脚稍向前,左肩指向目标右边,挥杆时右脚略拉向后方的姿势

**Club face**　杆面,杆头击球面

**Club house**　俱乐部会所

**Cock**　屈腕挥杆,在挥杆时,左手腕向拇指方向弯的一个动作

**Committee**　竞赛委员会

**Course**　高尔夫球场

**Course rating**　高尔夫球场的难度指数

**Disqualify**　取消比赛资格

**Divot**　击球后杆头削去草皮,留下打痕

**Dogleg**　狗腿洞,指球道在中途急剧改变方向,通常在开球的落点处改变方向,可能是左狗腿,也可能是右狗腿

**Double bogey**　双伯忌,高于标准杆2杆

**Double Eagle**　双老鹰或信天翁球,低于标准杆3杆

**Double Green**　双洞果岭,两个旗杆洞共用一个推杆果岭

**Draw**　小左曲球

**Drive**　开球

**Driving Range**　练习场

**Duff**　厚击球,击球时先碰到地面再击中球的上半部分的一种失误

**Eagle**　老鹰,某一洞成绩低于标准杆2杆

**Edge**　果岭及球洞等边缘

**Even par**　平标准杆

**Fade**　小右曲球

**Fade ball**　落地时往右滚的球

**Fairway**　球道

**Fairway banker**　球道沙坑

**Fairway wood**　球道木杆

**Fast green**　快速果岭

**Final**　决赛

**Flat swing**　平挥杆,指以接近横向打法挥杆,上杆时球杆挥杆位置比较平

**Follow through**　送杆,自球击到球之后到挥杆结束前的直臂送杆动作

**Follow wind**　顺风

**Fore**　看球,躲开(击球安全警示语,击球者提醒其他人注意后方来球)

**Fore caddie**　观察球僮

**Four ball match**　四球比赛

**Fried Egg**　荷包蛋,形容球在沙坑内,球体大部分埋入沙中

**Full Set**　整套球杆(14 支)

**Full swing**　全挥杆

**Gloves**　手套

**Grass bunker**　草坑

**Green edge**　果岭边缘

**Green Fee**　果岭费

**Green guard bunker**　果岭边缘的沙坑

**Grip**　球杆握把或基本握杆法

**Ground under repair**　待修复之地,整修地

**Half**　半场

**Half swing**　半挥杆

**Handicap**　差点

**Hazards**　障碍物

**Head-speed**　杆头速度

**Hole in one**　一杆进洞

**Honor**　优先发球者

**Hook**　左旋球,左曲球

**Hook face**　偏左杆面

**Hook grip**　偏左握杆

**Imaginary line**　假想球线

**Impact**　击球的瞬间

**Impact face**　击球面

**In course**　后九洞

**Inland course**　内陆球场

**Inside out**　由内向外挥杆,挥杆时,杆头由内侧挥向外侧的挥杆路径

**Inside to inside**　由内向内挥杆,挥杆时杆头先由内向外挥最后又回到内侧来的挥杆路径

**Instructor**　职业教练

**Inter locking grip**　互锁式握杆法

**Iron**  铁杆

**Kick**  反弹球

**Lady Tee**  女子发球区

**Links**  林克斯球场,滨海球场

**Lip**  洞边和球洞边缘

**Local rule**  当地规则

**Loft**  球杆面的角度,指球杆面与垂直线间的斜角,斜角随着铁杆号码增大而增大,以产生较高的飞行轨道而距离渐短

**Long iron**  长铁杆

**Long putt**  较长距离推杆

**Loose grip**  握杆放松

**Loose impediment**  可移动妨碍物,非固定障碍物,如球场内树叶、石块等

**Lost ball**  遗失球

**LPGA**  女子职业高尔夫协会,Ladies Professional Golf Association 的简写

**Mark**  标记,为了便于识别球在球上做的记号,或指按照规定拿起球时标定球位置的动作

**Marshal**  巡场员,维持秩序的人员,由委员会指定的球场内的巡视员,主要任务是维持观众秩序和监督球员打球的速度以及向委员会报告比赛中发生的问题等

**Match play**  比洞赛

**Medium iron**  中铁杆

**Miss shot**  击空,未打中球

**Neck**  球杆的颈部

**Net**  净杆,净杆数,指在有差点的比赛中以实际杆数减去差点以后的分数,如果一名球员的差点是18,他在一轮比赛中的实际杆数是92杆,则他的净杆数应该为92-18=74(杆),同 net score

**Nice shot**  好球

**OB**  界外,见 out of bounds

**Obstruction**  妨碍物

**Official handicap**  正式差点,指由高尔夫球协会或高尔夫球俱乐部提供的公认差点

**On**  击球上果岭,球位于球洞区上

**One on**  1杆将球打上球洞区,指从发球区发出的球最后停止在球洞区上

**One piece swing**　一体式挥杆,指身体在各部分有节奏、有顺序、无停顿流畅的挥杆动作,是现在最为倡导的挥杆动作

**Open stance**　开放式站位

**Original ball**　初始球,球员最初从发球区打出的球,相对暂定球和按照规则打的第二球而言

**Out**　十八洞高尔夫球场中前九洞的俗称

**Out of bounds**　指球位于界外,一般简称 OB

**Outside agency**　局外者,规则定义中说明,局外者是指比洞赛中与比赛无关者,比杆赛中不属于比赛者一方者,裁判员、计分员、观察员及观察球僮均为局外者

**Outside-in**　指下挥杆时从外向内的挥杆路径

**Overspin**　正旋,上旋,击球后球向击球线方向旋转

**Over swing**　过度挥杆,指因上挥杆的动作幅度过大而使挥杆动作的平衡破坏

**Par**　标准杆,即某一球场设定的各洞、一轮的标准打数,或指在一洞打出该洞标准成绩

**Par break**　打出较标准杆低的成绩

**Pass**　先行通过,指在寻找球或打球延误时请后续组的球员先行通过

**Penalty stroke**　罚杆,指按照相应规则条款对球员或一方施加的杆数惩罚

**PGA**　职业高尔夫球员协会的简称,全称为 Professional Golfers' Association

**PGA Tour**　职业巡回赛,由职业高尔夫球员协会组织的职业巡回赛

**Pinsetter**　负责确定球洞位置的指定人员

**Pitch**　劈起球,打出球具有很高的弹道

**Pitch-in**　直接劈起球入洞

**Pitching wedge**　劈起杆,特殊铁杆的一种,球杆杆面的倾角度为 48°～52°,放置着地角63°～65°,球杆长度 35 英寸(88.9cm),是打近距离球时常用的球杆

**Pop**　近距离高抛球,球杆头直接从球下面通过,打出的球很快高高飞起

**Pot bunker**　坑壁陡峭的沙坑

**Pro-Am**　职业与业余配对赛,这是比赛的形式,由一位职业选手与业余选手们组成一队的比赛

**Pro test**　职业高尔夫球员资格考试

**Provisional ball**　暂定球

**Public course**　公众球场,指对任何人都开放的非会员制球场

**Pull**　拉式击球

**Pull-hook**　左手球员击球时球飞向目标线的左侧，并由于侧旋带有向左的曲线

**Quarter swing**　1/4 挥杆

**Qualify**　预赛，资格赛

**Qualifier**　取得参赛资格者

**Quarter-final**　1/4 决赛

**R&A**　（Royal and Ancient）英国高尔夫球协会，或称英国皇家古典高尔夫球俱乐部（Royal & Ancient Golf Club）

**Ranking**　名次，排名

**Read**　阅读果岭，认真察看和理解球洞区的起伏和草坪文理

**Recall**　撤销，要求取消违反规则的打球，重新按照规则打球，或者取消违反规则的球杆或球等

**Recover**　救球，挽救性击球，从长草区、障碍或任何麻烦的地方将球打到理想的位置或球洞区上

**Replace**　重放置球

**Right leg hole**　右狗腿洞

**Rim out**　涮边球，球在球洞边环绕而过没有进洞

**Roll in**　推击入洞

**Rough**　长草区

**Rules of golf**　高尔夫规则

**Sand wedge**　沙坑用杆，在较深的沙坑尤其是在球洞区周围沙坑中使用的特殊短铁杆

**Scratch**　指无差点的比赛

**Scuffing**　啃地球，击球之前球杆头打在球后面的地上的失误动作

**Set up**　球员调整身体姿势进行击球准备

**Shaft**　杆身

**Shank**　相克球，指以杆头的连接部分或杆头根部击球，一般指击球失误，导致球直接飞向目标方向线的右侧

**Short**　短的，距离不够的，即在击球以后没有到达预定的目标常称为打短了

**Short cut**　捷径，抄近路，即狗腿洞等情况下不按照常规的路径打球，而是选择近路，越过水塘、树林或山谷等直接将球打向目标，或指在一轮中不按照正规的顺序打球而是越过一

洞或数洞,例如打完第三洞之后直接打第七洞,这种行为违反高尔夫球规则,且不符合球员礼仪规范的要求

**Short iron**　短铁杆,杆面有斜角的铁杆,用以近距切球上果岭,或击球越过障碍区或障碍物

**Side bunker**　侧面沙坑,位于球道左右侧的沙坑

**Side spin**　侧旋球

**Single player**　单差点球员

**Slice**　右曲球,击球时带有相当顺时针旋转导致飞行路线向右弯曲

**Slope**　球道地形高度

**Spoon**　3号球道木杆

**Square grip**　标准式握杆法

**Stance**　击球站姿

**Sweet Spot**　甜蜜点,指高尔夫球杆面上精准的一点,通常在中心点,击球时可以传递最大的能量,一个球被此点击中比被其他点击中飞行得更远

**Take away**　后摆杆的启动

**Target line**　目标方向线,或指采取击球准备以后球杆杆面的朝向,如果杆面目标方向线垂直,为平行杆面(square face),如果杆面朝向目标方向线的右侧,为右曲杆面(slice face),如果杆面朝向目标方向线的左侧,为左曲杆面(hook face)

**Tee marker**　发球区标记,用以限定发球区区范围、代表发球区位置的标记,发球区标记的颜色根据发球区的不同而异,男子锦标赛发球区标记一般用黑色或金色,女子发球区标记一般用红色

**Temporary green**　临时球洞区,在对球洞区进行改造或球洞区出现异常时,特别修建的临时球洞区

**Temporary tee**　临时发球区,在对发球区进行改造时,特别修建的临时发球区域

**Three-putt**　三推,三推才推球入洞

**Three-quarter shot**　四分之三挥杆

**Through the green**　球洞区通道

**Tie**　平手

**Top**　剃头球,击打在球的顶部

**Top of swing**　挥杆顶点,指上挥杆至最高点之后、开始下挥杆之前的状态

**Triple bogey**　三伯忌,高于标准杆3杆

**Under par**  以低于标准杆的杆数完成,例如低于标准杆一杆为 one under par

**Unplayable**  不可打之球

**Uphill lie**  上坡球位,指球位于左脚位置高于右脚位置状态

**Upright swing**  直立式挥杆,即高举高打式挥杆,挥杆面靠近身体,接近于直立的挥杆方式

**USGA**  美国高尔夫协会,是 United States Golf Association 的首字母缩写

**US Open**  美国公开赛

**USPGA**  美国职业高尔夫协会,是 United States Professional Golfer's Association 的首字母缩写

**Upswing**  上挥杆

**Vardon grip**  瓦登握杆法,即重叠式握杆

**Veil grip**  反向重叠式握杆,推击杆握杆方法的一种

**Waggle**  预摆动作,在做好站位之后,上挥杆之前为了消除紧张而进行的球杆杆头向球方向的来回摆动动作

**Warming up**  准备活动,热身

**Wind cheater**  在逆风时,有意识地打出的低球这种球有强烈的倒旋,所以刚刚飞出去时很低,到飞行末段才逐渐升高

**Winning ball**  在职业选手的比赛中,比赛结束时优胜者在最后一洞击球入洞后拿起来扔向观众的球

**Winter rules**  冬季规则,指在冬季草的状况不良时制定的允许移动球的特殊当地规则

**Wrong ball**  错球,规则的定义中说明,错球是下列球以外所有的球,使用中球,或者暂定球,或者在比杆赛中按照规则 3—3 或规则 20—7b 打的第二球,在一般情况下,可以认为球员在该洞正在使用的自己的球以外的球全部都是错球

**X**  标示球杆杆身硬度的符号,表示杆身硬度为很硬,另外,XX 为极硬,XXX 为超级硬度

**Yard**  码

**Yardage**  以码来表示球场或洞的距离

**Yardage board**  距离表示牌,树立在各洞发球区上的指示牌,上面写有该洞的序号、洞的长度、标准杆数以及走向图等,供球员打球和选择作战方案时参考

**Yardage post**  距离标示桩,在距离球洞区 50yd、100yd、150yd、200yd 等地点竖的标示距离的立桩,或现在更为常用的在球道的自动喷灌头、井盖上标识该处至球洞区的距离,便于球员选择球杆